말씀으로 하루를 채우고,
추억으로 기억을 지켜가는

말씀
일기

창세기, 시편

우리의 사랑하는
아버지 그리고 어머니께!

분주하고 치열한 시대를 살아 내시느라
고생 많으셨던 우리의 부모님!
열정 가득했던 그 시기를 지나 황혼기 아니 '새로운 봄날'에 접어든
부모님께 자녀의 마음으로 존경과 사랑의 마음을 가득 표현하고
싶습니다.

감사와 사랑의 마음을 가득 담아 부모님께 선물하는 마음으로
4주의 '말씀일기'를 개발했습니다.

오랫동안 뇌 신경세포는 성인이 되면 더는 생성되지 않는다는 이론이
정설로 여겨져 왔지만, 최근 과학 저널 사이언스(Science)에서는
78세 성인의 해마에서 뉴런이 새롭게 형성되고 있다는 연구 결과가
발표되었습니다. 이는 뇌 손상이나 퇴행성 신경질환은 되돌릴 수 없다는
인식이 변화되는 계기가 되었습니다.

하나님께서 만드신 우리의 뇌는 계속해서 뉴런을 만들고 있었던
것입니다. 그렇다면 어떻게 하면 우리 뇌가 더욱 활발하게 뉴런을 형성할
수 있게 도울 수 있을까요? 여러 연구결과에서는 순서를 기억하는 춤,
암기나 암송, 기억해서 꼼꼼하게 작성하는 일기 쓰기 등을 통해
가능하다고 합니다.

매일매일 말씀일기와 함께하며
영육이 더욱 강건해지시기를 소망합니다.

말씀일기 개발팀 드림

말씀일기 구성과 활용법

기도제목

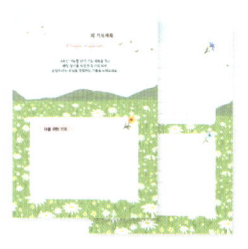

나와 가족 그리고 이웃을 위한 기도 제목을
작성하고 기도합니다. 기도 습관을 형성하며
응답하시는 하나님을 경험하는 기쁨을 누려보세요.

말씀일기

4주동안 매일 4Page씩 오늘의 말씀과 어제의 추억을 작성하도록
구성되어 있습니다.

● 오늘의 말씀(1Page)

말씀을 읽고 암송하고 묵상하며 오늘 하루를 생활합니다.
첫째 날에는 각자가 좋아하는 말씀을 적고 묵상합니다.

*암송과 묵상을 위해 말씀캘리(엽서)를 함께 활용해 보세요.(별도 판매)

● 어제의 추억(3Page)

어제 날씨, 식사한 메뉴, 감사와 회개 등
나의 일상생활과 함께 어제 주신 말씀과 묵상내용을
기억해 적어봅니다.

기억을 담당하는 핵심 중추인 해마는 꼼꼼하게 기억해서 작성하는 과정을
통해 더 많이 활성화됩니다. 말씀과 함께 하루를 살며 어제를 기억해
적어보는 과정을 통해 영육이 강건해지고 자유로운 내일을 사는 건강한
습관을 만들어보세요!

의 기도제목

Prayer requests

4주간 기도할 단기 기도 제목을 적고
매일 일기를 작성한 후 기도하며
응답하시는 주님을 경험하는 기쁨을 누려보세요.

나를 위한 기도

가족을 위한 기도

_____ ☐

_____ ☐

_____ ☐

_____ ☐

_____ ☐

이웃을 위한 기도

_____ ☐

_____ ☐

_____ ☐

_____ ☐

_____ ☐

말씀을 여러 번 읽고 암송해 봅니다.
오늘 하루 동안 말씀을 묵상하며 생활합니다.

복있는사람은
오직 떠호와의 율법을
즐개워하여
1의 율법을 주야로 묵상
하는로다
-시l:l~2-

복 있는 사람은 (악인들의 꾀를 따르지 아니하며
죄인들의 길에 서지 아니하며 오만한 자들의 자리에 앉지 아니하고)
오직 여호와의 율법을 즐거워하여 그의 율법을 주야로 묵상하는도다
- 시편 1:1~2 -

 어제의 추억

● 어제 날짜와 날씨

년   월   일   요일

● 어제 일어나고 잠든 시간

기상 시간	낮잠 시간	취침 시간
시 분	시간	시 분

● 어제 먹은 음식   밥상을 그리고 음식 이름을 적어주세요

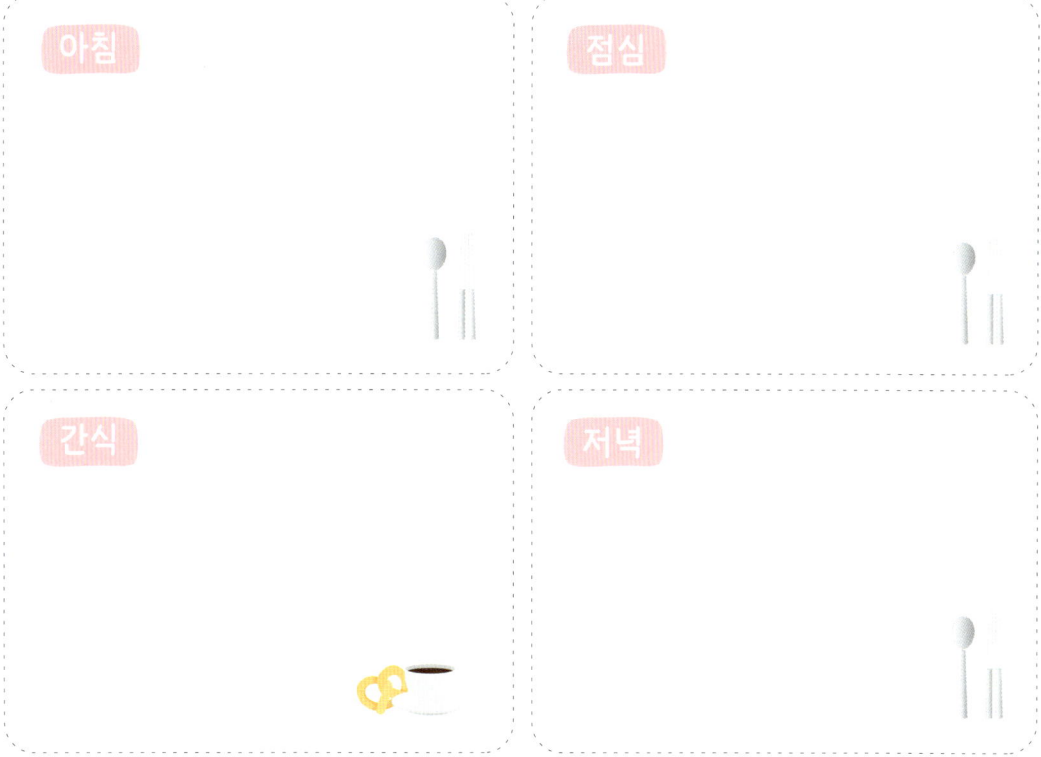

아침

점심

간식

저녁

● **어제 먹은 약** 무슨 약인지 적어주세요

| 아침 | 점심 | 저녁 |

● **어제 한 일** 했던 일이나 만난 사람 등 기억나는 일을 적어주세요

● **어제의 감사와 회개** 어제 한 일을 되살리면서 적어주세요

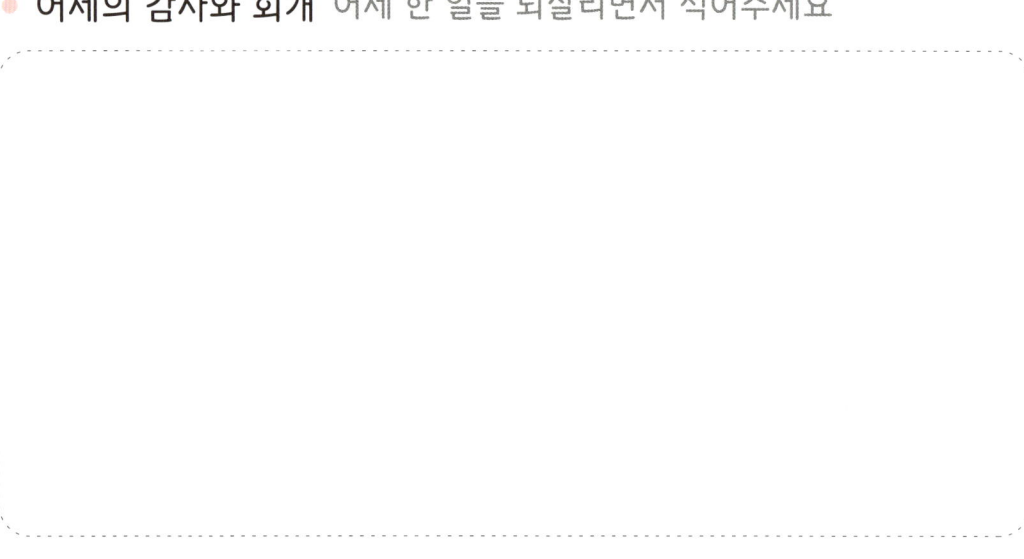

● **나의 말씀** 평소에 좋아하는 말씀을 암송하며 적어주세요

● **주님께 드리는 마음** 어제 말씀을 묵상하면서 들었던 마음을 적어주세요

말씀을 여러 번 읽고 암송해 봅니다.
오늘 하루 동안 말씀을 묵상하며 생활합니다.

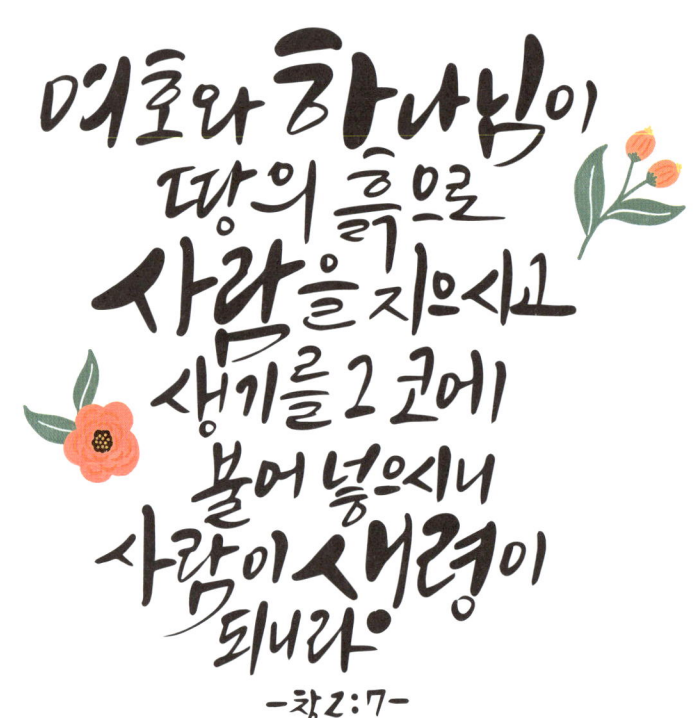

여호와 하나님이 땅의 흙으로 사람을 지으시고
생기를 그 코에 불어넣으시니 사람이 생령이 되니라
- 창세기 2:7 -

 어제의 추억

● 어제 날짜와 날씨

년   월   일   요일

● 어제 일어나고 잠든 시간

기상 시간	낮잠 시간	취침 시간
시 분	시간	시 분

● 어제 먹은 음식 밥상을 그리고 음식 이름을 적어주세요

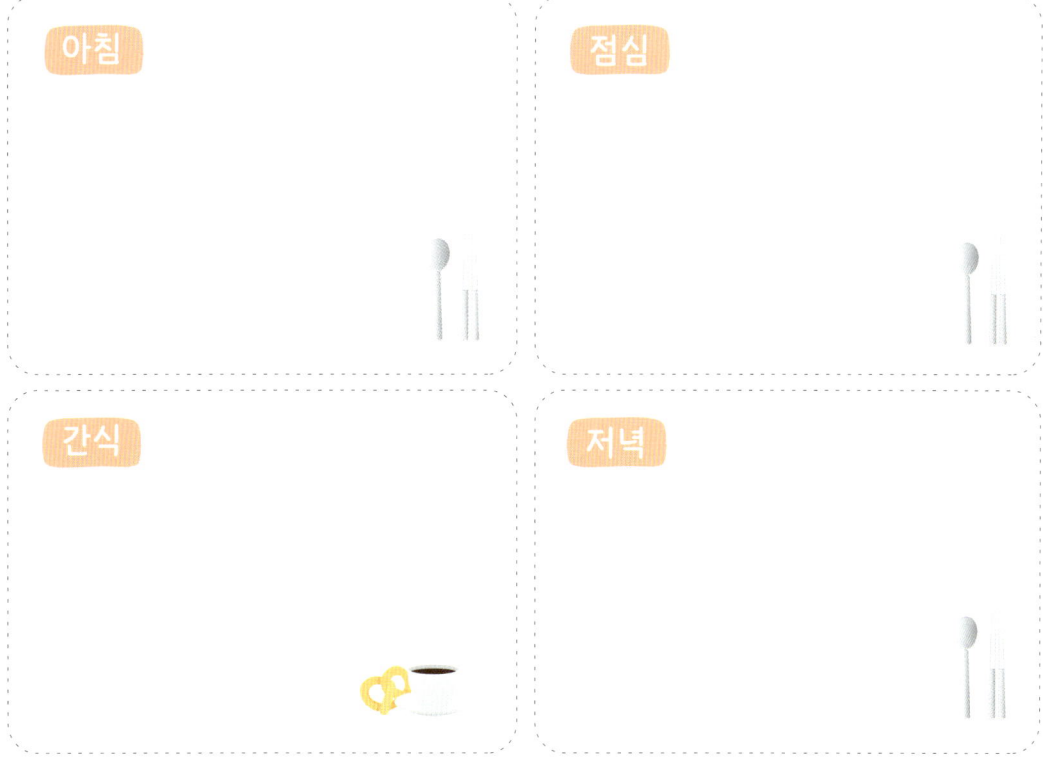

아침

점심

간식

저녁

● **어제 먹은 약** 무슨 약인지 적어주세요

아침	점심	저녁

● **어제 한 일** 했던 일이나 만난 사람 등 기억나는 일을 적어주세요

● **어제의 감사와 회개** 어제 한 일을 되살리면서 적어주세요

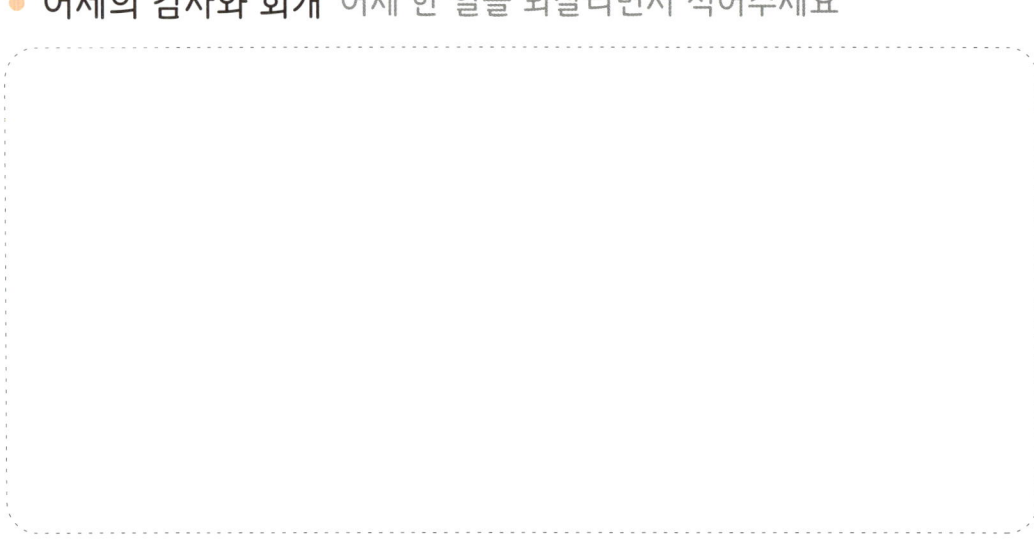

● **어제 말씀** 어제 주신 말씀을 암송하며 적어주세요

● **주님께 드리는 마음** 어제 말씀을 묵상하면서 들었던 마음을 적어주세요

오늘의 말씀

말씀을 여러 번 읽고 암송해 봅니다.
오늘 하루 동안 말씀을 묵상하며 생활합니다.

여호와 하나님이
이르시되
사람이 혼자 사는 것이
좋지 아니하니
내가 그를 위하며
돕는배필을
지으리라
하시니라~

- 창2:18 -

여호와 하나님이 이르시되 사람이 혼자 사는 것이 좋지 아니하니
내가 그를 위하여 돕는 배필을 지으리라 하시니라
- 창세기 2:18 -

 **어제의 추억**

● 어제 날짜와 날씨

년   월   일   요일   ☀   🌤   ☁   🌧   ❄

● 어제 일어나고 잠든 시간

기상 시간   낮잠 시간   취침 시간

시   분   시간   시   분

● **어제 먹은 음식** 밥상을 그리고 음식 이름을 적어주세요

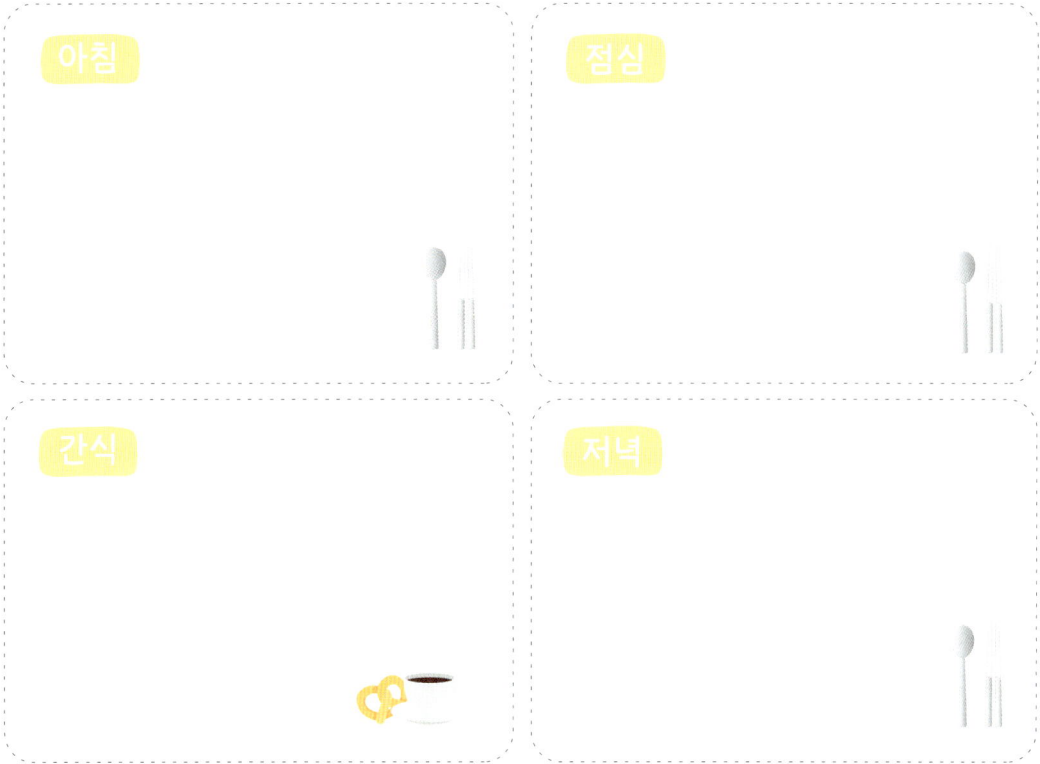

아침   점심

간식   저녁

● **어제 먹은 약** 무슨 약인지 적어주세요

아침	점심	저녁

● **어제 한 일** 했던 일이나 만난 사람 등 기억나는 일을 적어주세요

● **어제의 감사와 회개** 어제 한 일을 되살리면서 적어주세요

● **어제 말씀** 어제 주신 말씀을 암송하며 적어주세요

● **주님께 드리는 마음** 어제 말씀을 묵상하면서 들었던 마음을 적어주세요

오늘의 말씀

말씀을 여러 번 읽고 암송해 봅니다.
오늘 하루 동안 말씀을 묵상하며 생활합니다.

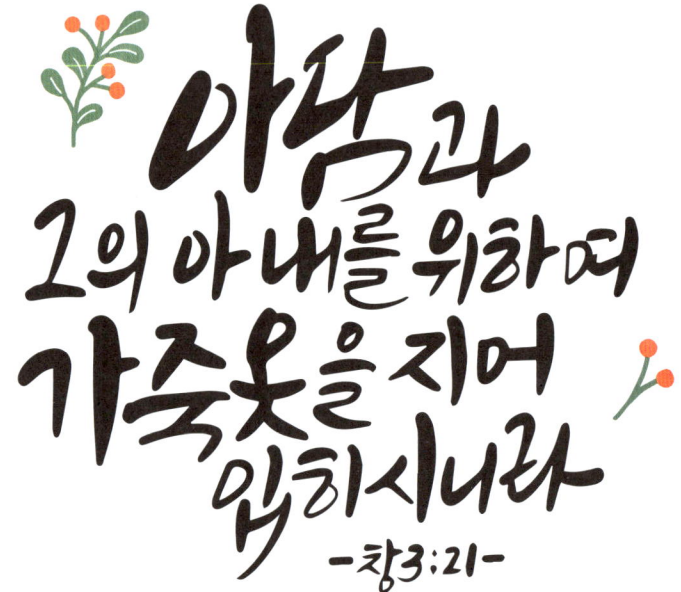

(여호와 하나님이)
아담과 그의 아내를 위하여 가죽옷을 지어 입히시니라
- 창세기 3:21 -

 어제의 추억

● 어제 날짜와 날씨

년   월   일   요일

● 어제 일어나고 잠든 시간

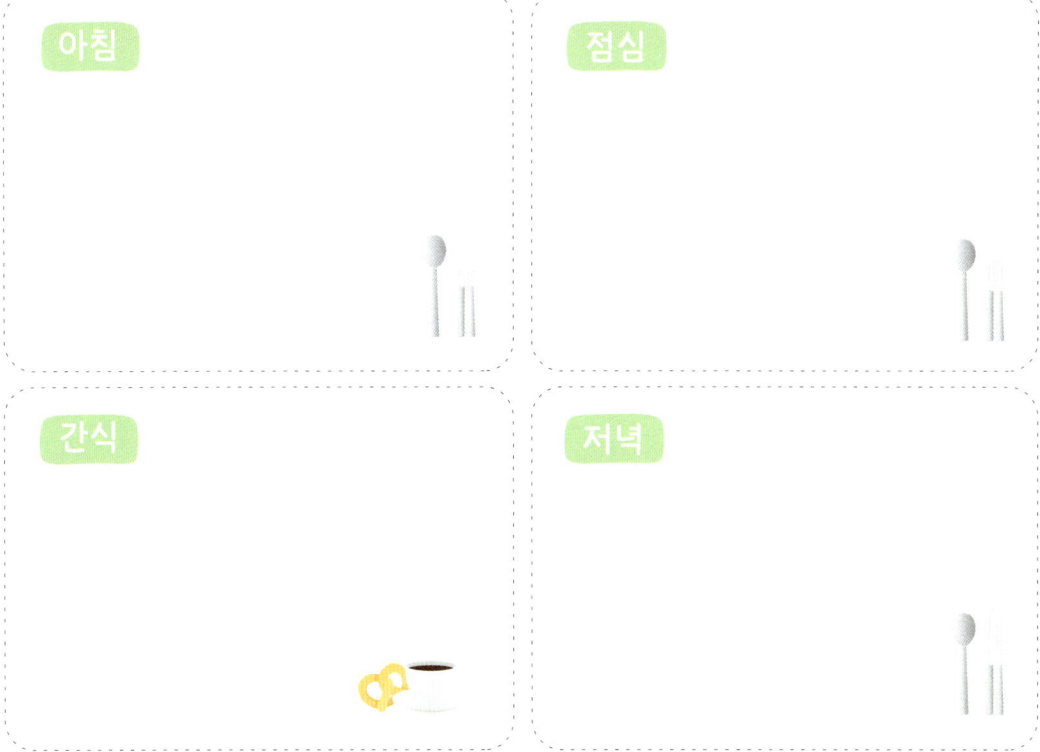

기상 시간	낮잠 시간	취침 시간
시 분	시간	시 분

● 어제 먹은 음식 밥상을 그리고 음식 이름을 적어주세요

아침

점심

간식

저녁

- **어제 먹은 약** 무슨 약인지 적어주세요

아침	점심	저녁

- **어제 한 일** 했던 일이나 만난 사람 등 기억나는 일을 적어주세요

- **어제의 감사와 회개** 어제 한 일을 되살리면서 적어주세요

● **어제 말씀** 어제 주신 말씀을 암송하며 적어주세요

● **주님께 드리는 마음** 어제 말씀을 묵상하면서 들었던 마음을 적어주세요

말씀을 여러 번 읽고 암송해 봅니다.
오늘 하루 동안 말씀을 묵상하며 생활합니다.

하나님이 노아와
그 아들들에게
복을 주시며 그들에게
이르시되 생육하고
번성하여 땅에
충만하라
- 창 9:1 -

하나님이 노아와 그 아들들에게 복을 주시며
그들에게 이르시되 생육하고 번성하여 땅에 충만하라
- 창세기 9:1 -

 어제의 추억

● 어제 날짜와 날씨

년   월   일   요일

● 어제 일어나고 잠든 시간

기상 시간	낮잠 시간	취침 시간
시 분	시간	시 분

● 어제 먹은 음식 밥상을 그리고 음식 이름을 적어주세요

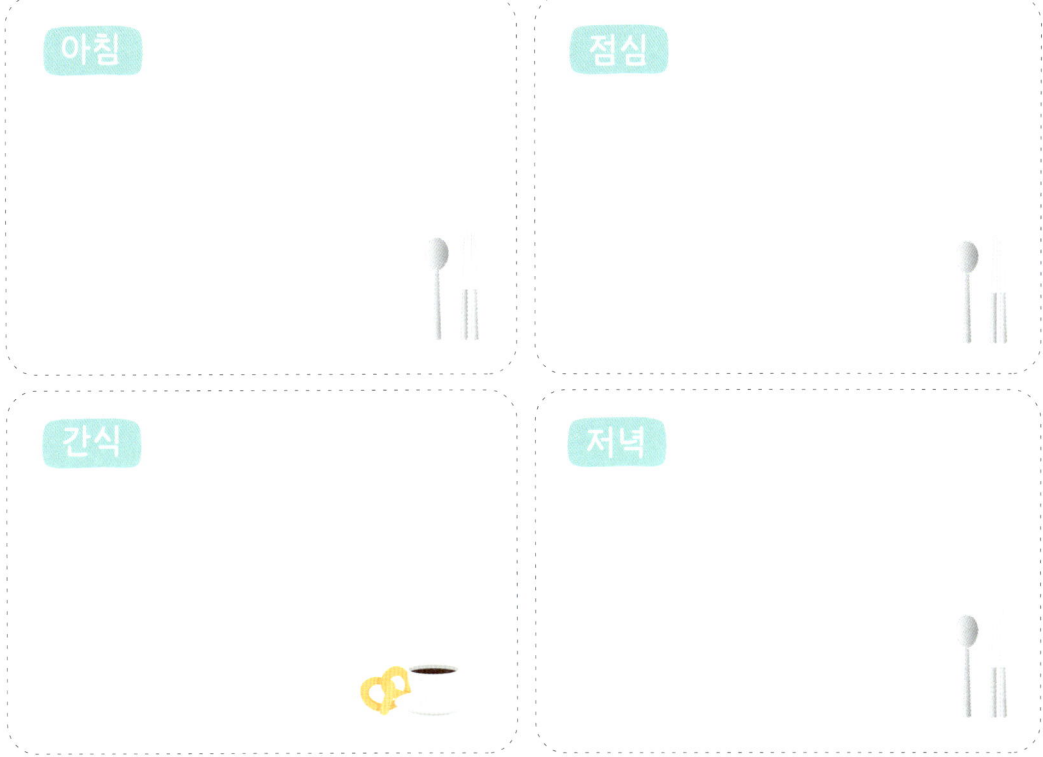

아침

점심

간식

저녁

● **어제 먹은 약** 무슨 약인지 적어주세요

아침	점심	저녁

● **어제 한 일** 했던 일이나 만난 사람 등 기억나는 일을 적어주세요

● **어제의 감사와 회개** 어제 한 일을 되살리면서 적어주세요

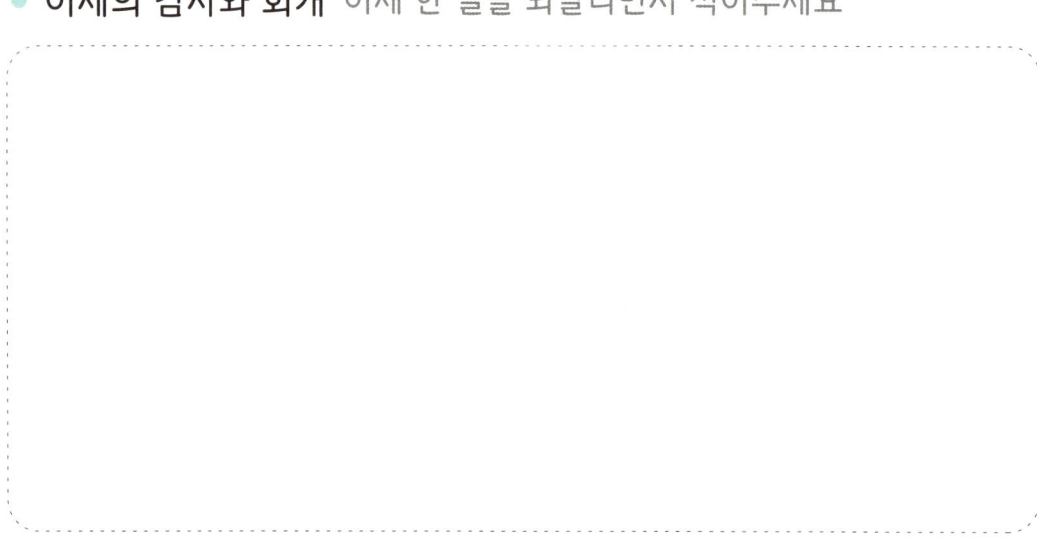

● **어제 말씀** 어제 주신 말씀을 암송하며 적어주세요

● **주님께 드리는 마음** 어제 말씀을 묵상하면서 들었던 마음을 적어주세요

오늘의 말씀

말씀을 여러 번 읽고 암송해 봅니다.
오늘 하루 동안 말씀을 묵상하며 생활합니다.

내가 너로
큰 민족을 이루고
네게 복을주어
네 이름을
창대하게
하리니
너는 복이 될지라
- 창 12:2 -

내가 너로 큰 민족을 이루고 네게 복을 주어
네 이름을 창대하게 하리니 너는 복이 될지라
- 창세기 12:2 -

 어제의 추억

● 어제 날짜와 날씨

년   월   일   요일   ☀️ ⛅ ☁️ 🌧️ ❄️

● 어제 일어나고 잠든 시간

기상 시간   낮잠 시간   취침 시간
시   분   시간   시   분

● 어제 먹은 음식 밥상을 그리고 음식 이름을 적어주세요

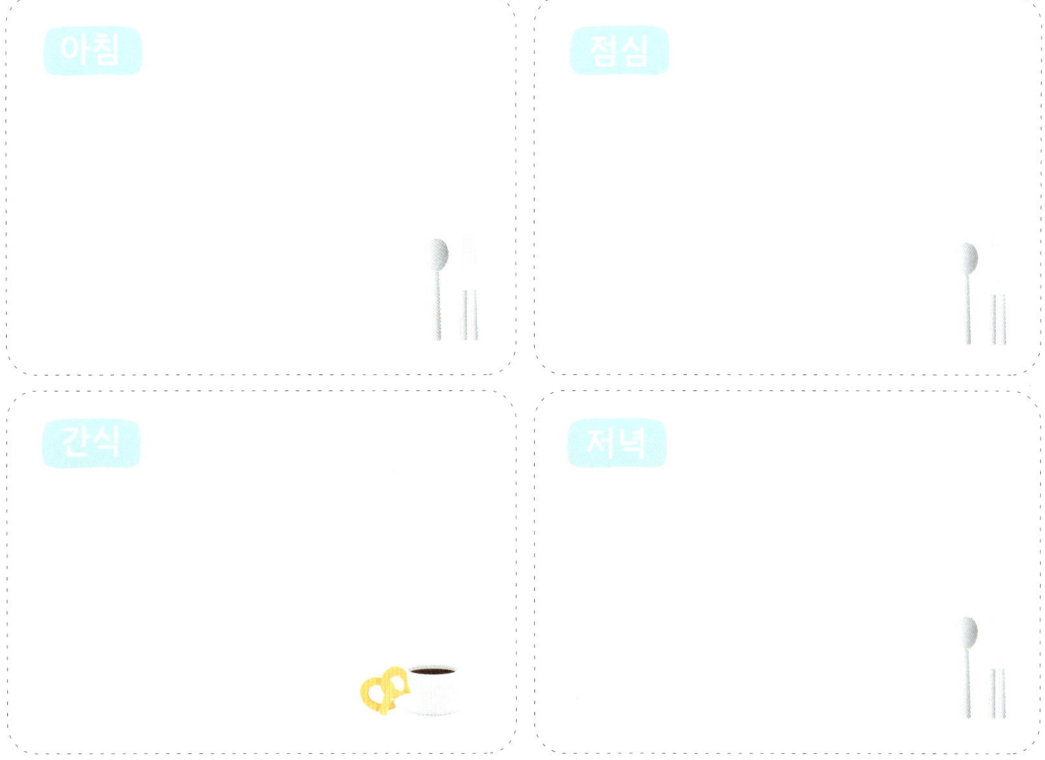

아침   점심

간식   저녁

- 어제 먹은 약 무슨 약인지 적어주세요

| 아침 | 점심 | 저녁 |

- 어제 한 일 했던 일이나 만난 사람 등 기억나는 일을 적어주세요

- 어제의 감사와 회개 어제 한 일을 되살리면서 적어주세요

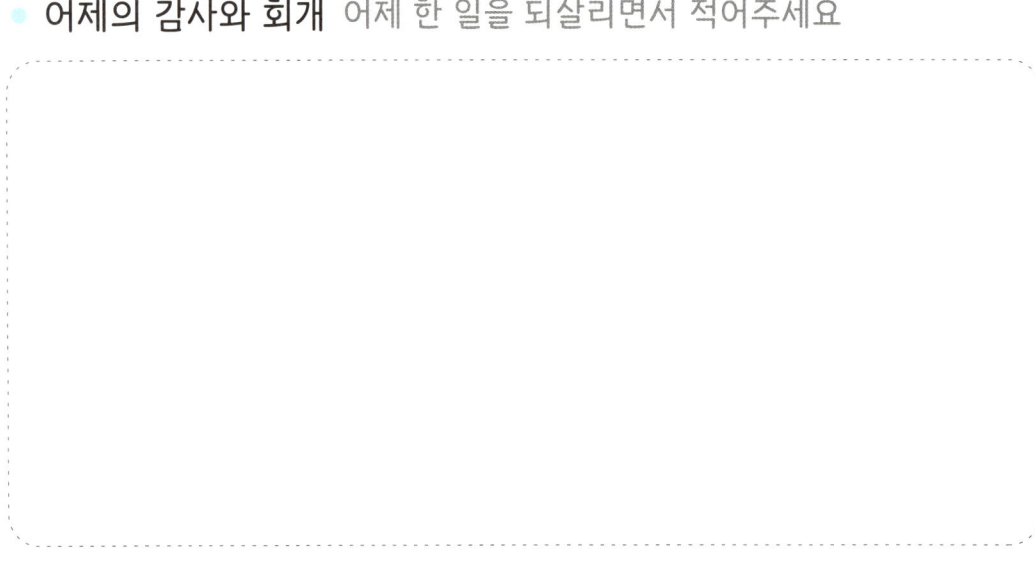

● **어제 말씀** 어제 주신 말씀을 암송하며 적어주세요

● **주님께 드리는 마음** 어제 말씀을 묵상하면서 들었던 마음을 적어주세요

시냇가에 심은 나무가 철을따라 열매를 맺으며 그 잎사귀가 마르지 아니함 같으니 그가하는 모든 일이 다 형통하리로다

-시1:3-

(그는) 시냇가에 심은 나무가 철을 따라 열매를 맺으며
그 잎사귀가 마르지 아니함 같으니 그가 하는 모든 일이 다 형통하리로다
- 시편 1:3 -

 어제의 추억

● 어제 날짜와 날씨

년　　월　　일　　요일

● 어제 일어나고 잠든 시간

기상 시간	낮잠 시간	취침 시간
시　　분	시간	시　　분

● 어제 먹은 음식 밥상을 그리고 음식 이름을 적어주세요

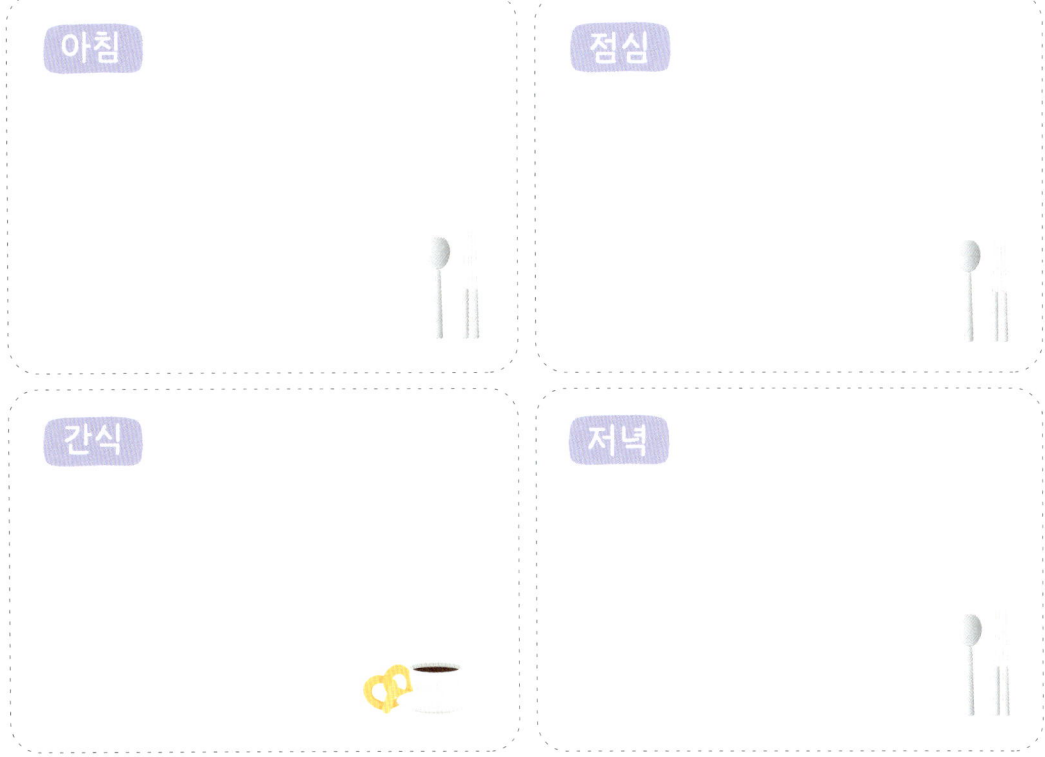

아침

점심

간식

저녁

● **어제 먹은 약** 무슨 약인지 적어주세요

아침	점심	저녁

● **어제 한 일** 했던 일이나 만난 사람 등 기억나는 일을 적어주세요

● **어제의 감사와 회개** 어제 한 일을 되살리면서 적어주세요

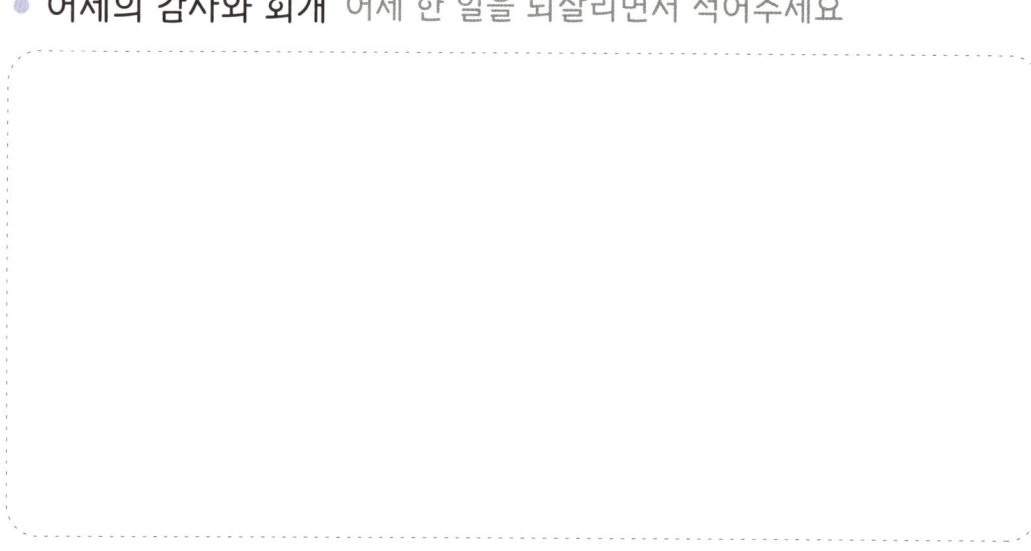

● **어제 말씀** 어제 주신 말씀을 암송하며 적어주세요

● **주님께 드리는 마음** 어제 말씀을 묵상하면서 들었던 마음을 적어주세요

말씀을 여러 번 읽고 암송해 봅니다.
오늘 하루 동안 말씀을 묵상하며 생활합니다.

여호와여
주는 나의
방패시요
나의 영광이시요
나의 머리를 드시는자
이시니이다
-시3:3-

여호와여 주는 나의 방패시요 나의 영광이시요
나의 머리를 드시는 자이시니이다
- 시편 3:3 -

 어제의 추억

● 어제 날짜와 날씨

년   월   일   요일

● 어제 일어나고 잠든 시간

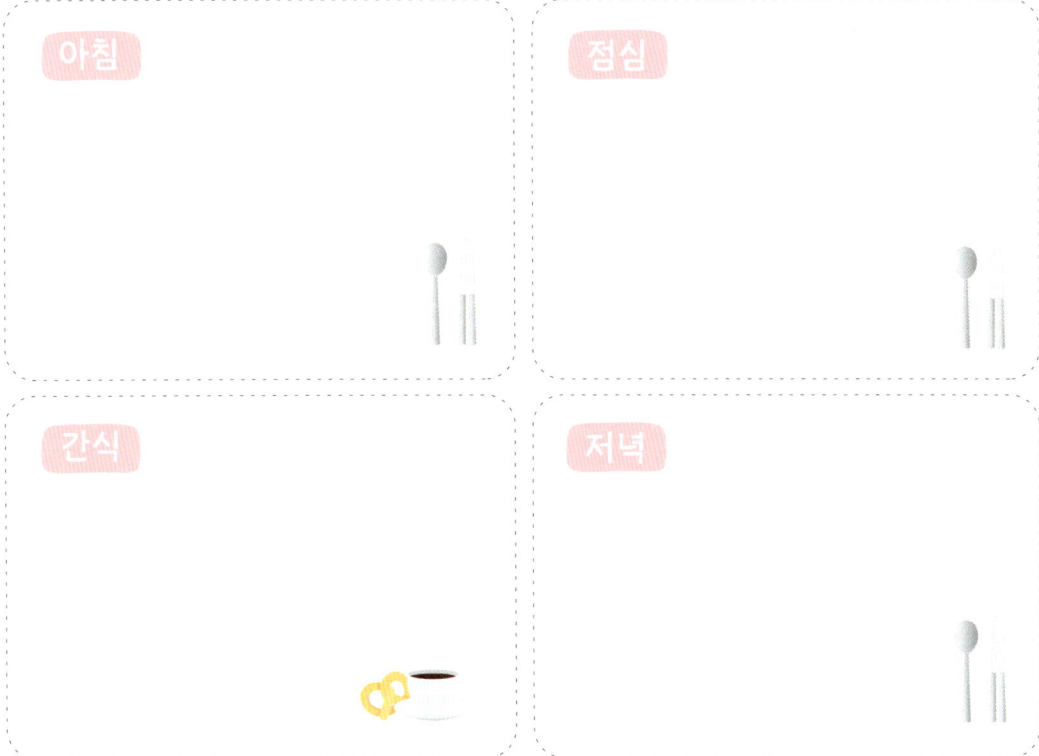

기상 시간   낮잠 시간   취침 시간

시   분   시간   시   분

● 어제 먹은 음식 밥상을 그리고 음식 이름을 적어주세요

아침

점심

간식

저녁

● **어제 먹은 약** 무슨 약인지 적어주세요

| 아침 | 점심 | 저녁 |

● **어제 한 일** 했던 일이나 만난 사람 등 기억나는 일을 적어주세요

● **어제의 감사와 회개** 어제 한 일을 되살리면서 적어주세요

● **어제 말씀** 어제 주신 말씀을 암송하며 적어주세요

● **주님께 드리는 마음** 어제 말씀을 묵상하면서 들었던 마음을 적어주세요

37

오늘의 말씀

말씀을 여러 번 읽고 암송해 봅니다.
오늘 하루 동안 말씀을 묵상하며 생활합니다.

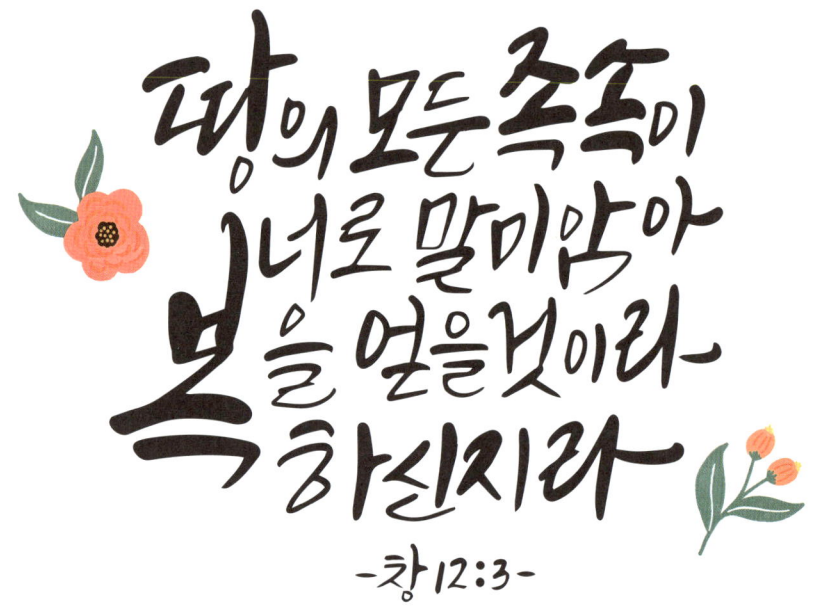

(너를 축복하는 자에게는 내가 복을 내리고
너를 저주하는 자에게는 내가 저주하리니)
땅의 모든 족속이 너로 말미암아 복을 얻을 것이라 하신지라
- 창세기 12:3 -

 어제의 추억

● 어제 날짜와 날씨

년   월   일   요일   ☀️ 🌤️ ☁️ 🌧️ ❄️

● 어제 일어나고 잠든 시간

기상 시간   낮잠 시간   취침 시간
시   분   시간   시   분

● 어제 먹은 음식 밥상을 그리고 음식 이름을 적어주세요

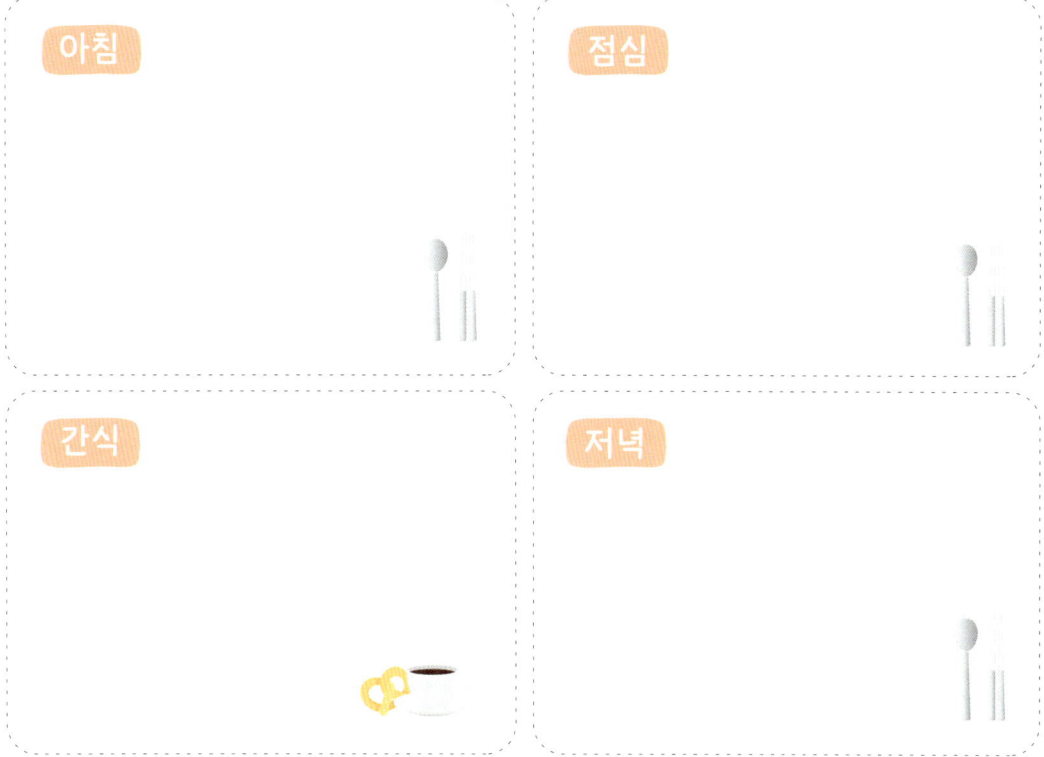

아침   점심

간식   저녁

● **어제 먹은 약** 무슨 약인지 적어주세요

| 아침 | 점심 | 저녁 |

● **어제 한 일** 했던 일이나 만난 사람 등 기억나는 일을 적어주세요

● **어제의 감사와 회개** 어제 한 일을 되살리면서 적어주세요

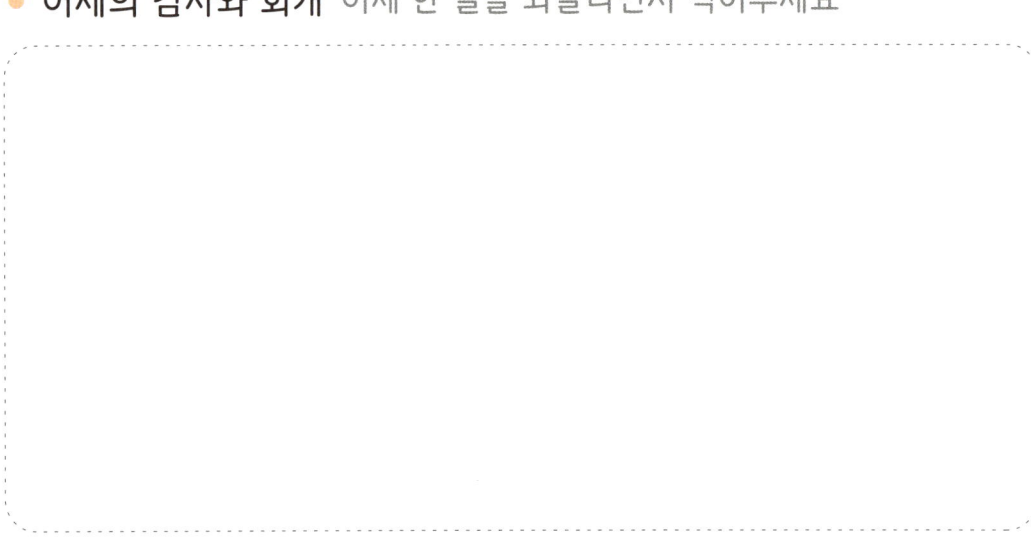

● **어제 말씀** 어제 주신 말씀을 암송하며 적어주세요

● **주님께 드리는 마음** 어제 말씀을 묵상하면서 들었던 마음을 적어주세요

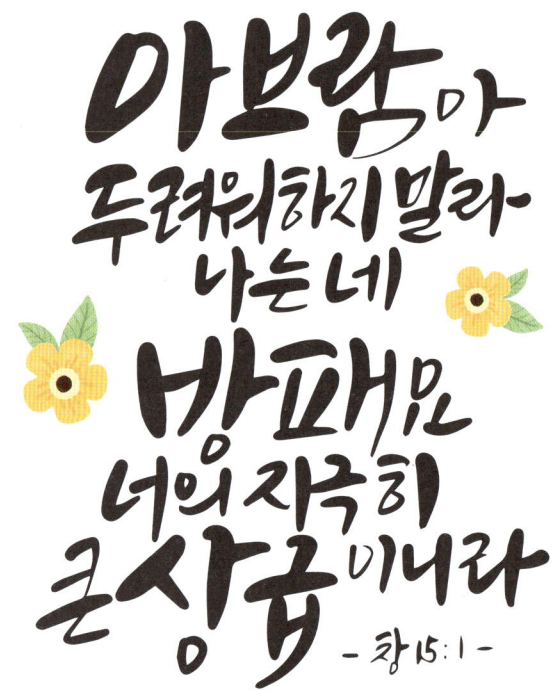

아브람아
두려워하지 말라
나는 네
방패요
너의 지극히
큰 상급이니라
- 창 15:1 -

(이 후에 여호와의 말씀이 환상 중에 아브람에게 임하여 이르시되)
아브람아 두려워하지 말라 나는 네 방패요 너의 지극히 큰 상급이니라
- 창세기 15:1 -

 어제의 추억

● 어제 날짜와 날씨

년   월   일   요일

● 어제 일어나고 잠든 시간

기상 시간   낮잠 시간   취침 시간
  시   분   시간   시   분

● 어제 먹은 음식 밥상을 그리고 음식 이름을 적어주세요

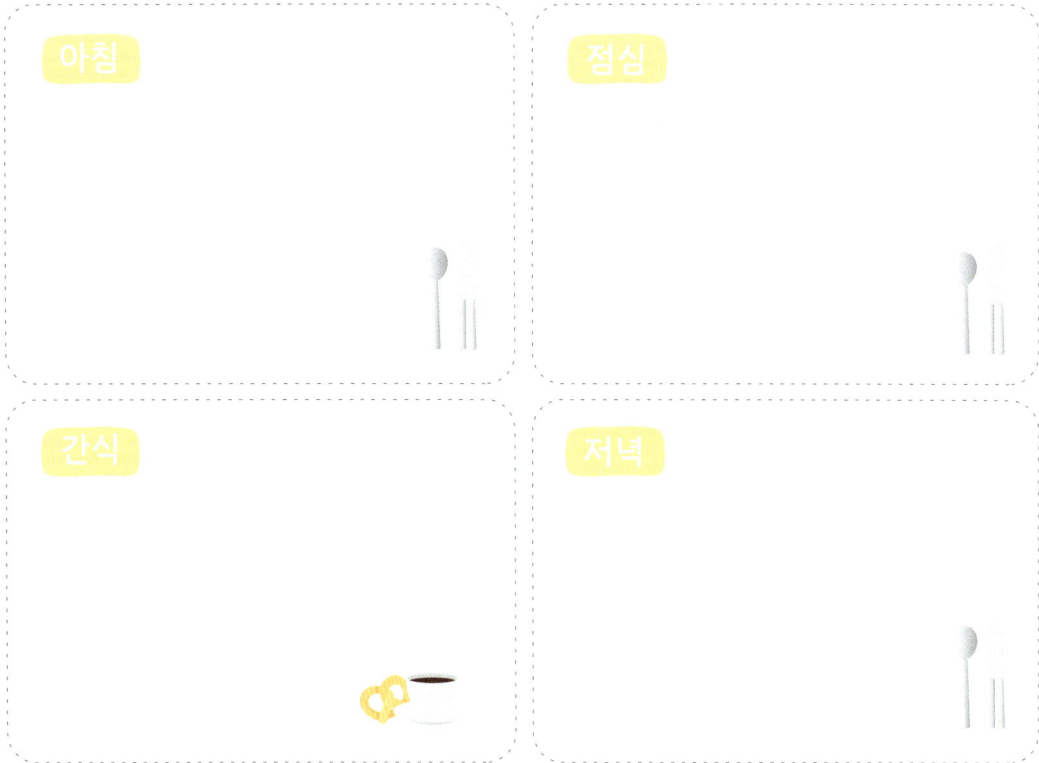

아침

점심

간식

저녁

● **어제 먹은 약** 무슨 약인지 적어주세요

| 아침 | 점심 | 저녁 |

● **어제 한 일** 했던 일이나 만난 사람 등 기억나는 일을 적어주세요

● **어제의 감사와 회개** 어제 한 일을 되살리면서 적어주세요

● **어제 말씀** 어제 주신 말씀을 암송하며 적어주세요

● **주님께 드리는 마음** 어제 말씀을 묵상하면서 들었던 마음을 적어주세요

오늘의 말씀

말씀을 여러 번 읽고 암송해 봅니다.
오늘 하루 동안 말씀을 묵상하며 생활합니다.

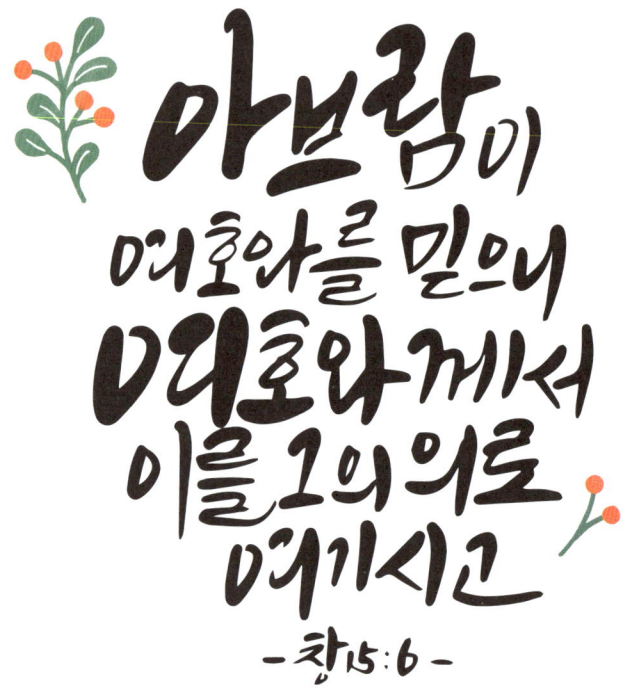

아브람이 여호와를 믿으니
여호와께서 이를 그의 의로 여기시고
- 창세기 15:6 -

 # 어제의 추억

● 어제 날짜와 날씨

년   월   일   요일

● 어제 일어나고 잠든 시간

기상 시간	낮잠 시간	취침 시간
시 분	시간	시 분

● **어제 먹은 음식** 밥상을 그리고 음식 이름을 적어주세요

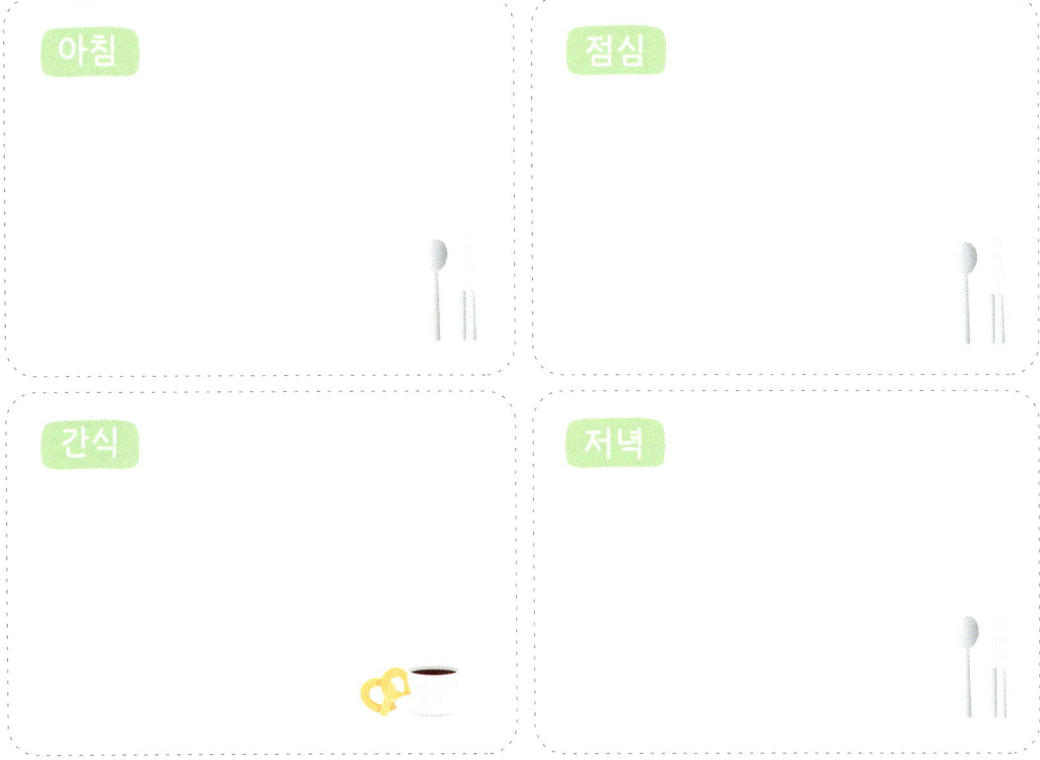

아침

점심

간식

저녁

● **어제 먹은 약** 무슨 약인지 적어주세요

아침	점심	저녁

● **어제 한 일** 했던 일이나 만난 사람 등 기억나는 일을 적어주세요

● **어제의 감사와 회개** 어제 한 일을 되살리면서 적어주세요

● **어제 말씀** 어제 주신 말씀을 암송하며 적어주세요

● **주님께 드리는 마음** 어제 말씀을 묵상하면서 들었던 마음을 적어주세요

이르되
이내 주여 내가 주께
은혜를 입었사오면
원하건대 종을 떠나
지나가지 마시옵고

- 창18:3 -

이르되 내 주여 내가 주께 은혜를 입었사오면
원하건대 종을 떠나 지나가지 마시옵고
- 창세기 18:3 -

 어제의 추억

● 어제 날짜와 날씨

년   월   일   요일

● 어제 일어나고 잠든 시간

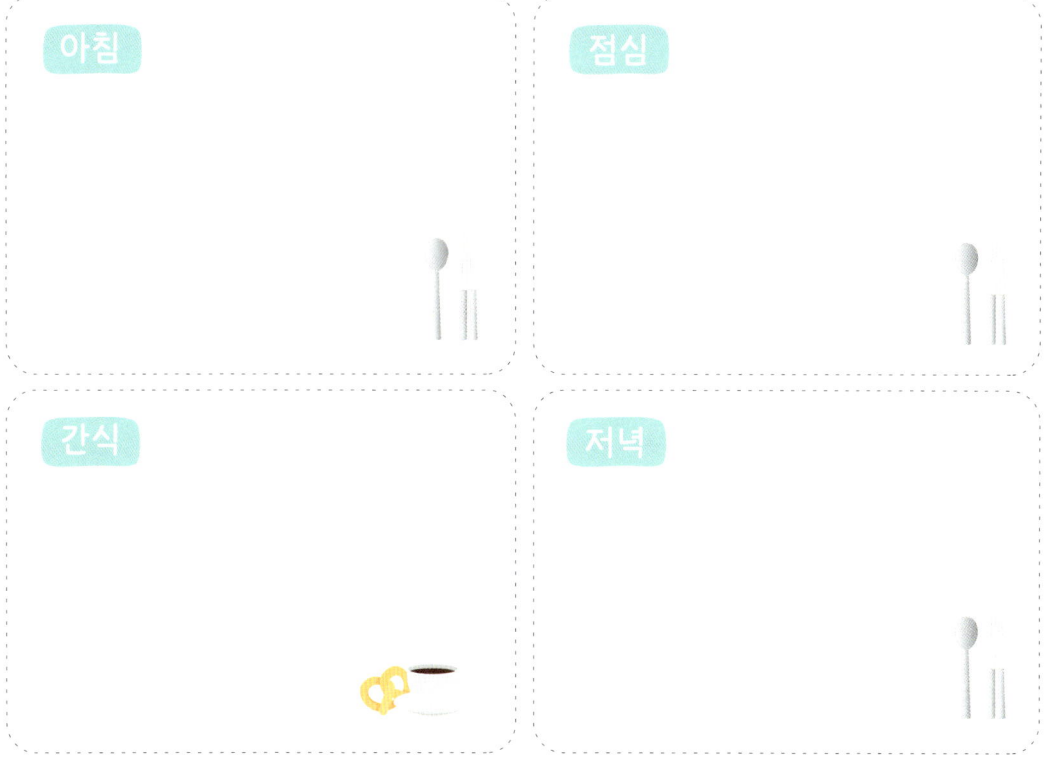

기상 시간	낮잠 시간	취침 시간
시 분	시간	시 분

● **어제 먹은 음식** 밥상을 그리고 음식 이름을 적어주세요

아침	점심

간식	저녁

● 어제 먹은 약 무슨 약인지 적어주세요

아침

점심

저녁

● 어제 한 일 했던 일이나 만난 사람 등 기억나는 일을 적어주세요

● 어제의 감사와 회개 어제 한 일을 되살리면서 적어주세요

● **어제 말씀** 어제 주신 말씀을 암송하며 적어주세요

● **주님께 드리는 마음** 어제 말씀을 묵상하면서 들었던 마음을 적어주세요

말씀을 여러 번 읽고 암송해 봅니다.
오늘 하루 동안 말씀을 묵상하며 생활합니다.

롯의 아내는
뒤를 돌아보았으므로
소금기둥이
되었더라
- 창 19:26 -

롯의 아내는 뒤를 돌아보았으므로
소금 기둥이 되었더라
- 창세기 19:26 -

 어제의 추억

● 어제 날짜와 날씨

년   월   일   요일   ☀   ⛅   ☁   🌧   ❄

● 어제 일어나고 잠든 시간

기상 시간   낮잠 시간   취침 시간
시   분   시간   시   분

● **어제 먹은 음식** 밥상을 그리고 음식 이름을 적어주세요

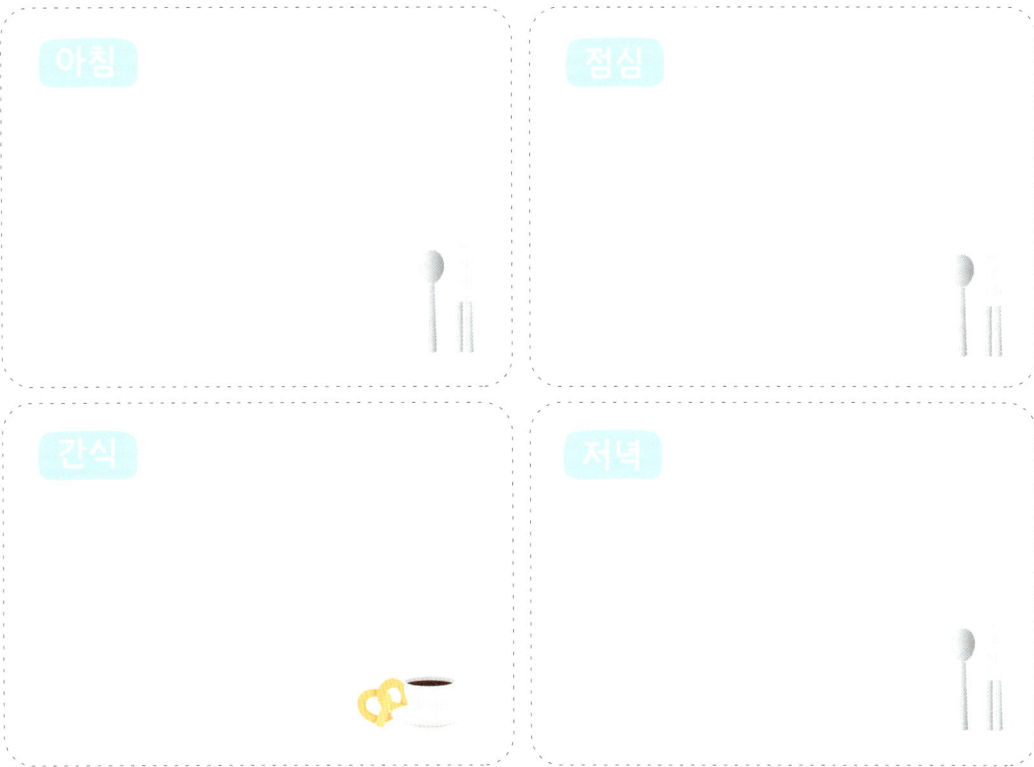

아침   점심

간식   저녁

● **어제 먹은 약** 무슨 약인지 적어주세요

| 아침 | 점심 | 저녁 |

● **어제 한 일** 했던 일이나 만난 사람 등 기억나는 일을 적어주세요

● **어제의 감사와 회개** 어제 한 일을 되살리면서 적어주세요

● **어제 말씀** 어제 주신 말씀을 암송하며 적어주세요

● **주님께 드리는 마음** 어제 말씀을 묵상하면서 들었던 마음을 적어주세요

말씀을 여러 번 읽고 암송해 봅니다.
오늘 하루 동안 말씀을 묵상하며 생활합니다.

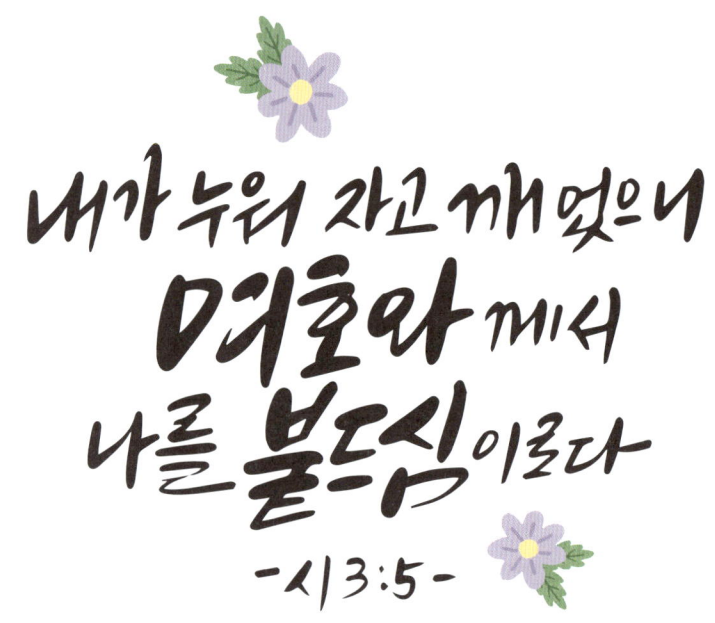

내가 누워 자고 깨었으니 여호와께서 나를 붙드심이로다
- 시편 3:5 -

 어제의 추억

● 어제 날짜와 날씨

년   월   일   요일

● 어제 일어나고 잠든 시간

기상 시간	낮잠 시간	취침 시간
시 분	시간	시 분

● **어제 먹은 음식** 밥상을 그리고 음식 이름을 적어주세요

아침	점심

간식	저녁

● 어제 먹은 약 무슨 약인지 적어주세요

| 아침 | 점심 | 저녁 |

● 어제 한 일 했던 일이나 만난 사람 등 기억나는 일을 적어주세요

● 어제의 감사와 회개 어제 한 일을 되살리면서 적어주세요

● **어제 말씀** 어제 주신 말씀을 암송하며 적어주세요

● **주님께 드리는 마음** 어제 말씀을 묵상하면서 들었던 마음을 적어주세요

말씀을 여러 번 읽고 암송해 봅니다.
오늘 하루 동안 말씀을 묵상하며 생활합니다.

구원은
여호와께 있사오니
주의 복을 주의
백성에게
내리소서
- 시3:8 -

구원은 여호와께 있사오니
주의 복을 주의 백성에게 내리소서
- 시편 3:8 -

 어제의 추억

● 어제 날짜와 날씨

년   월   일   요일 ☀️ ⛅ ☁️ 🌧️ ❄️

● 어제 일어나고 잠든 시간

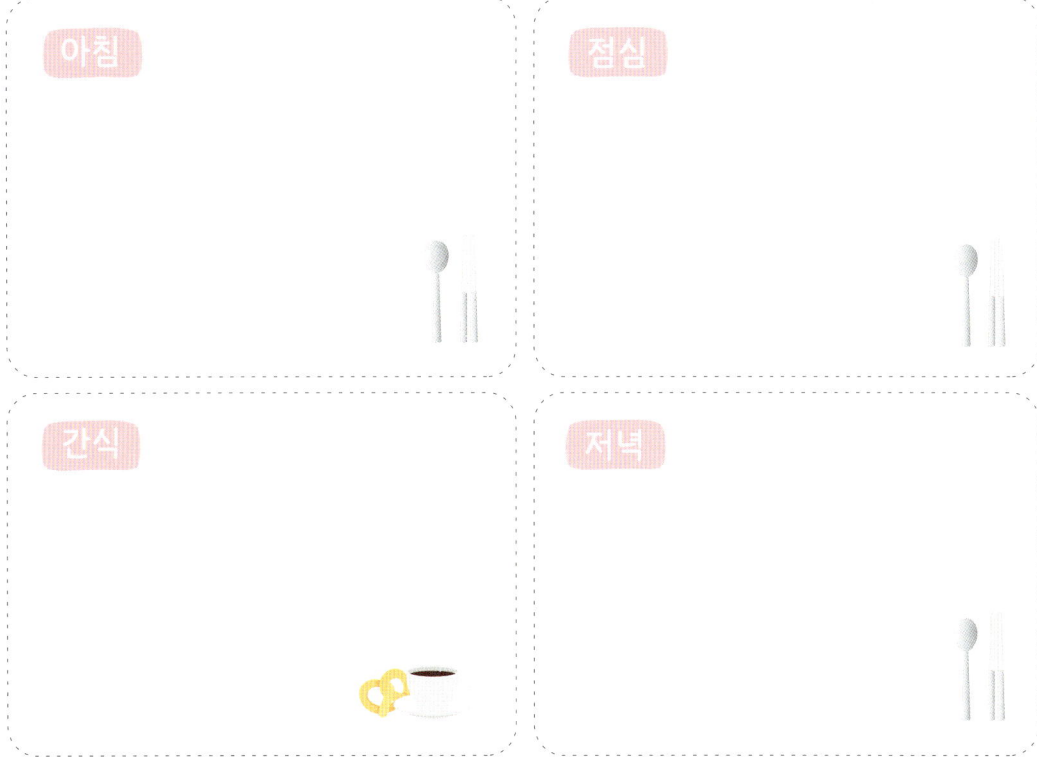

기상 시간   낮잠 시간   취침 시간

시   분   시간   시   분

● 어제 먹은 음식 밥상을 그리고 음식 이름을 적어주세요

아침

점심

간식

저녁

- **어제 먹은 약** 무슨 약인지 적어주세요

아침

점심

저녁

- **어제 한 일** 했던 일이나 만난 사람 등 기억나는 일을 적어주세요

- **어제의 감사와 회개** 어제 한 일을 되살리면서 적어주세요

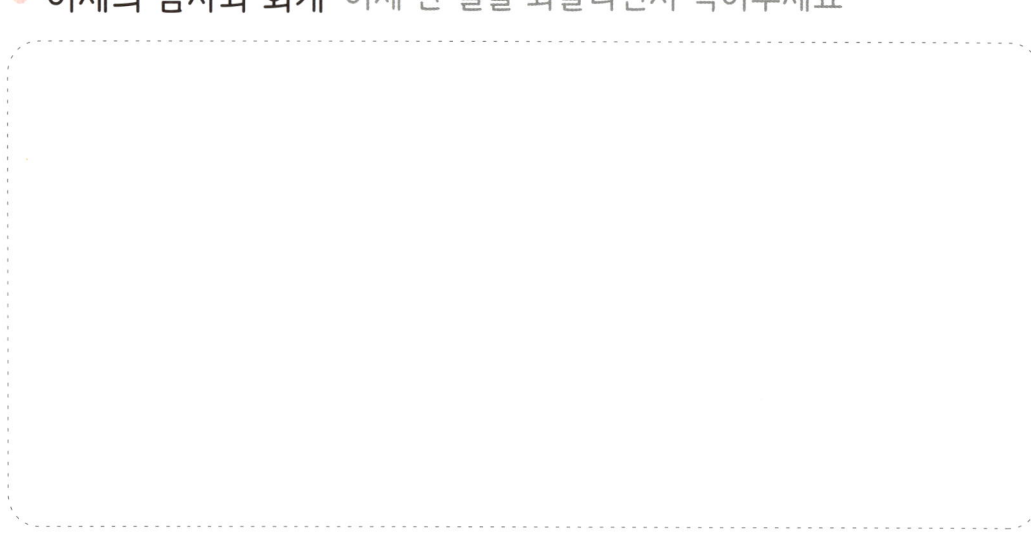

● **어제 말씀** 어제 주신 말씀을 암송하며 적어주세요

● **주님께 드리는 마음** 어제 말씀을 묵상하면서 들었던 마음을 적어주세요

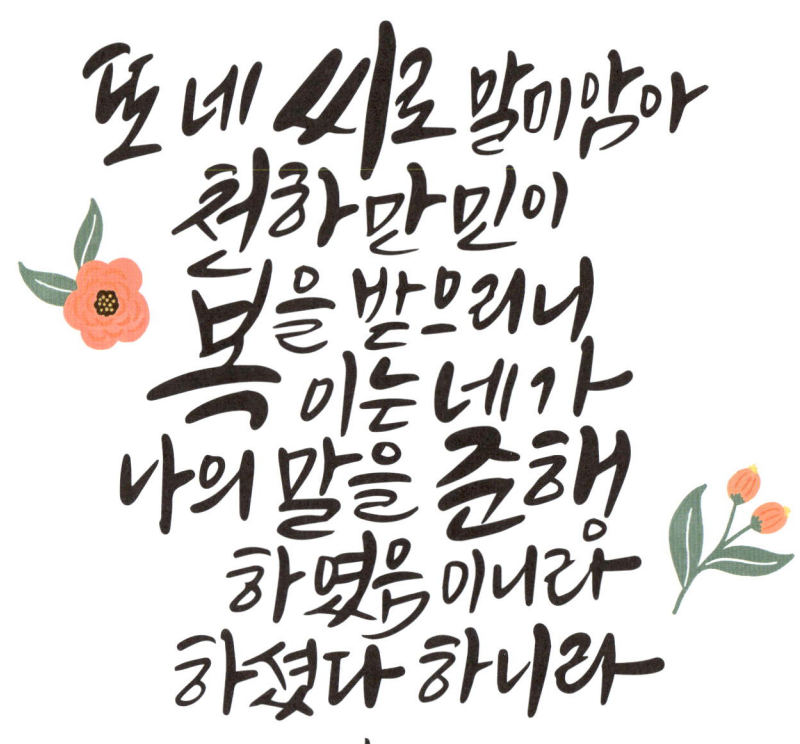

또 네 씨로 말미암아
천하 만민이
복을 받으리니 이는 네가
나의 말을 준행
하였음이니라
하셨다 하니라

- 창22:18 -

또 네 씨로 말미암아 천하 만민이 복을 받으리니
이는 네가 나의 말을 준행하였음이니라 하셨다 하니라
- 창세기 22:18 -

 어제의 추억

● 어제 날짜와 날씨

년   월   일   요일

● 어제 일어나고 잠든 시간

기상 시간	낮잠 시간	취침 시간
시 분	시간	시 분

● 어제 먹은 음식 밥상을 그리고 음식 이름을 적어주세요

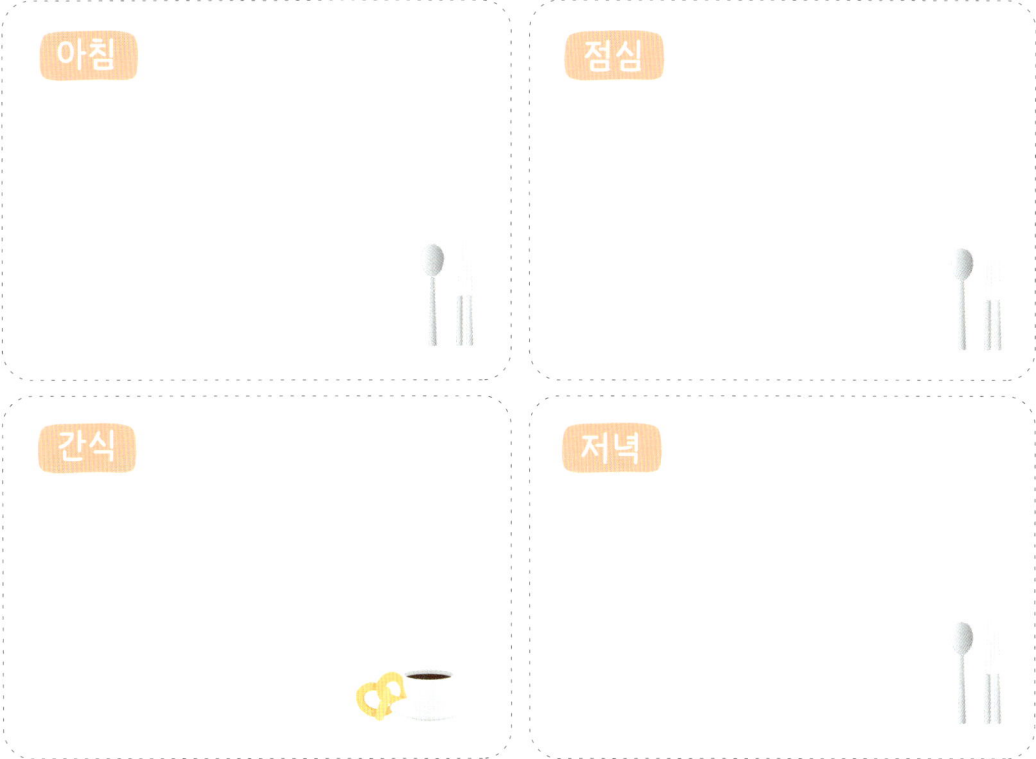

아침

점심

간식

저녁

● **어제 먹은 약** 무슨 약인지 적어주세요

| 아침 | 점심 | 저녁 |

● **어제 한 일** 했던 일이나 만난 사람 등 기억나는 일을 적어주세요

● **어제의 감사와 회개** 어제 한 일을 되살리면서 적어주세요

● **어제 말씀** 어제 주신 말씀을 암송하며 적어주세요

● **주님께 드리는 마음** 어제 말씀을 묵상하면서 들었던 마음을 적어주세요

이제는 여호와 께서
우리를 위하여 넓게 하셨으니
이 땅에서 우리가
번성하리로다
하였더라

- 창26:22 -

(이삭이 거기서 옮겨 다른 우물을 팠더니 그들이 다투지 아니하였으므로
그 이름을 르호봇이라 하여 이르되)
이제는 여호와께서 우리를 위하여 넓게 하셨으니
이 땅에서 우리가 번성하리로다 하였더라
- 창세기 26:22 -

 어제의 추억

● 어제 날짜와 날씨

> 년   월   일   요일

● 어제 일어나고 잠든 시간

기상 시간   낮잠 시간   취침 시간

시   분   시간   시   분

● 어제 먹은 음식 밥상을 그리고 음식 이름을 적어주세요

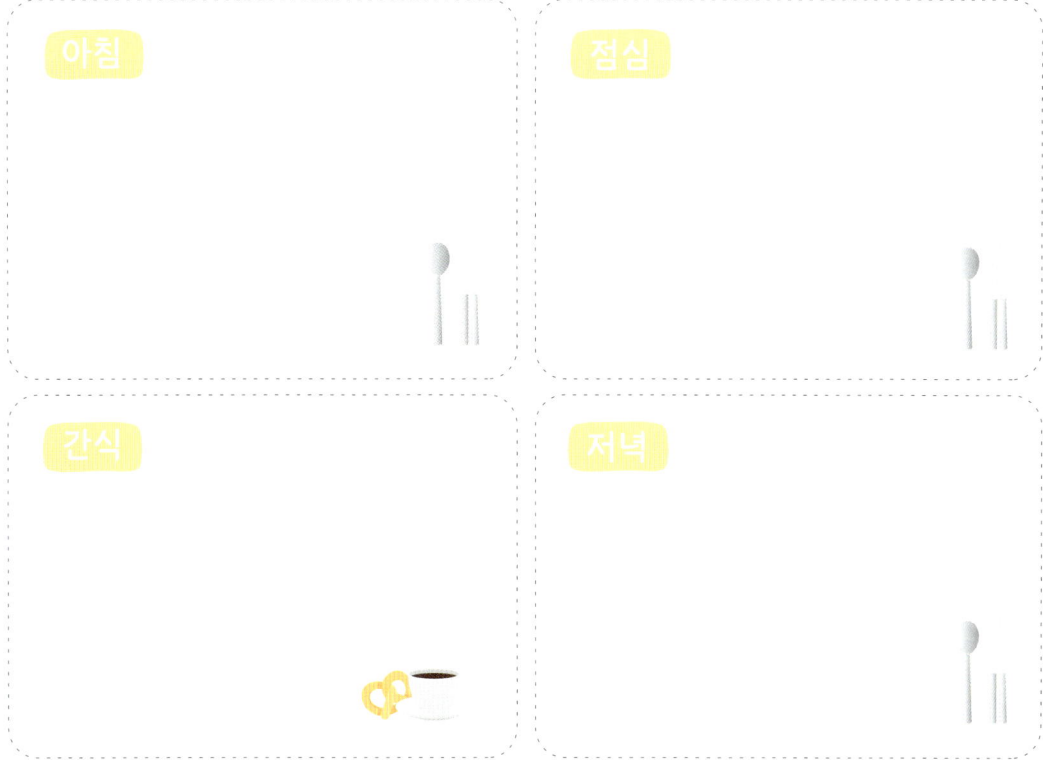

아침

점심

간식

저녁

● **어제 먹은 약** 무슨 약인지 적어주세요

아침	점심	저녁

● **어제 한 일** 했던 일이나 만난 사람 등 기억나는 일을 적어주세요

● **어제의 감사와 회개** 어제 한 일을 되살리면서 적어주세요

● **어제 말씀** 어제 주신 말씀을 암송하며 적어주세요

● **주님께 드리는 마음** 어제 말씀을 묵상하면서 들었던 마음을 적어주세요

오늘의 말씀

말씀을 여러 번 읽고 암송해 봅니다.
오늘 하루 동안 말씀을 묵상하며 생활합니다.

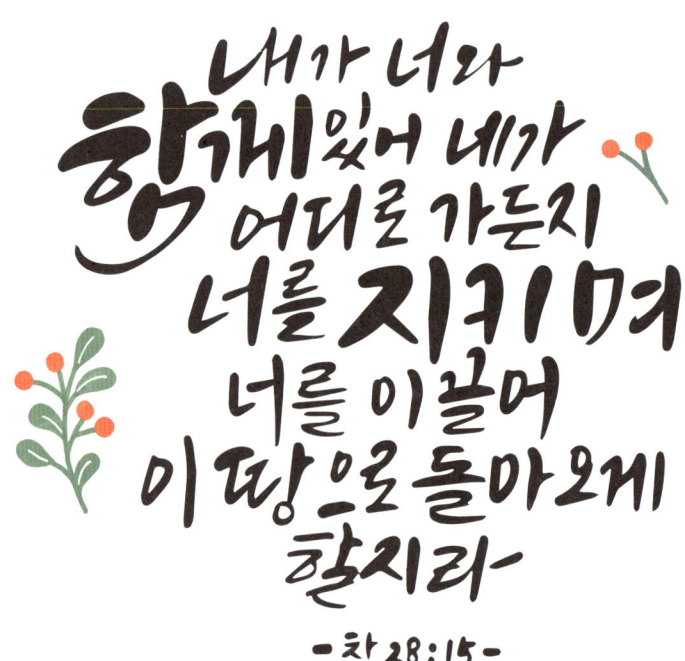

내가 너와 함께 있어 네가 어디로 가든지
너를 지키며 너를 이끌어 이 땅으로 돌아오게 할지라
(내가 네게 허락한 것을 다 이루기까지 너를 떠나지 아니하리라 하신지라)
- 창세기 28:15 -

 # 어제의 추억

● 어제 날짜와 날씨

> 년   월   일   요일   ☀   🌤   ☁   🌧   ❄

● 어제 일어나고 잠든 시간

기상 시간	낮잠 시간	취침 시간
시 분	시간	시 분

● **어제 먹은 음식** 밥상을 그리고 음식 이름을 적어주세요

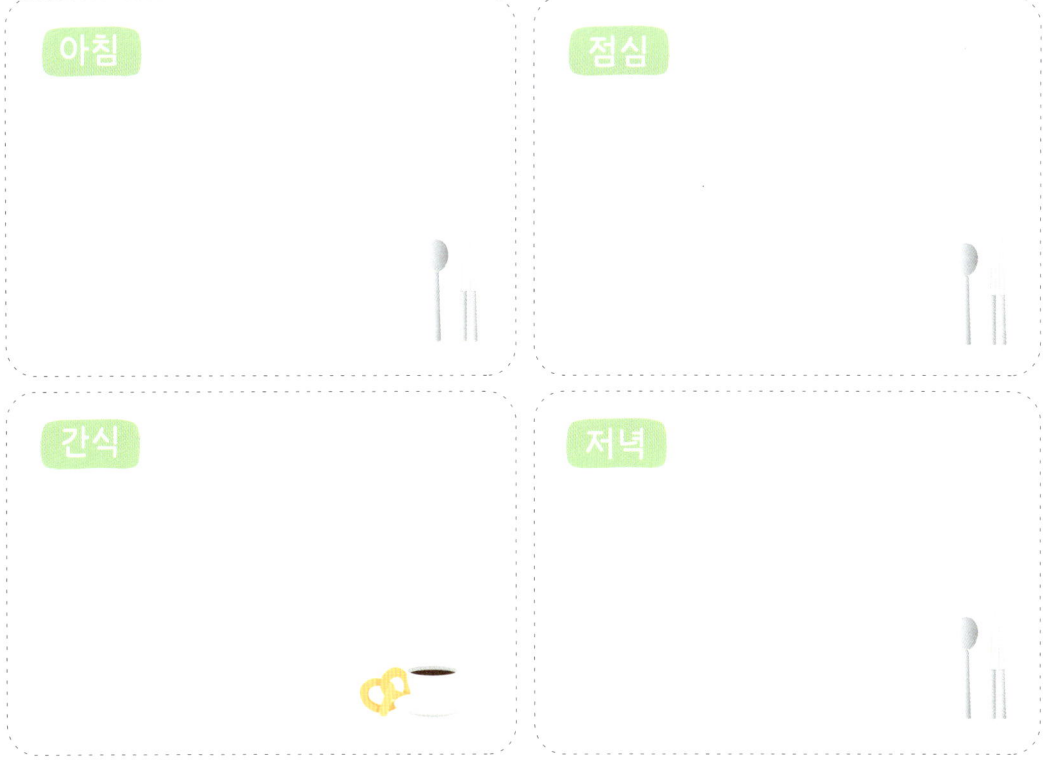

아침

점심

간식

저녁

● **어제 먹은 약** 무슨 약인지 적어주세요

| 아침 | 점심 | 저녁 |

● **어제 한 일** 했던 일이나 만난 사람 등 기억나는 일을 적어주세요

● **어제의 감사와 회개** 어제 한 일을 되살리면서 적어주세요

● **주님께 드리는 마음** 어제 말씀을 묵상하면서 들었던 마음을 적어주세요

말씀을 여러 번 읽고 암송해 봅니다.
오늘 하루 동안 말씀을 묵상하며 생활합니다.

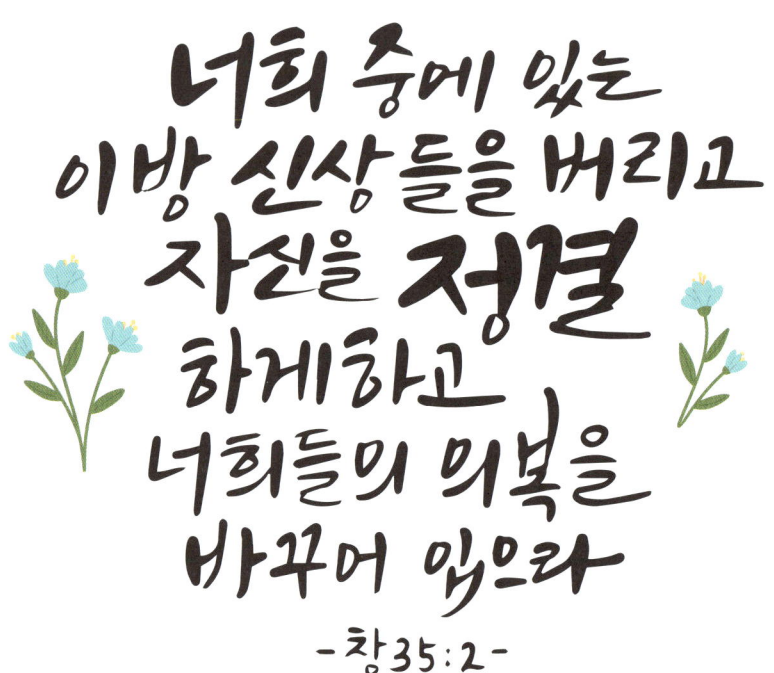

너희 중에 있는
이방 신상들을 버리고
자신을 정결
하게하고
너희들의 의복을
바꾸어 입으라

- 창35:2 -

(야곱이 이에 자기 집안 사람과 자기와 함께 한 모든 자에게 이르되)
너희 중에 있는 이방 신상들을 버리고
자신을 정결하게 하고 너희들의 의복을 바꾸어 입으라
- 창세기 35:2 -

 어제의 추억

● 어제 날짜와 날씨

년   월   일   요일

● 어제 일어나고 잠든 시간

기상 시간	낮잠 시간	취침 시간
시 분	시간	시 분

● 어제 먹은 음식 밥상을 그리고 음식 이름을 적어주세요

아침

점심

간식

저녁

- ● 어제 먹은 약 무슨 약인지 적어주세요

| 아침 | 점심 | 저녁 |

- ● 어제 한 일 했던 일이나 만난 사람 등 기억나는 일을 적어주세요

- ● 어제의 감사와 회개 어제 한 일을 되살리면서 적어주세요

● **어제 말씀** 어제 주신 말씀을 암송하며 적어주세요

● **주님께 드리는 마음** 어제 말씀을 묵상하면서 들었던 마음을 적어주세요

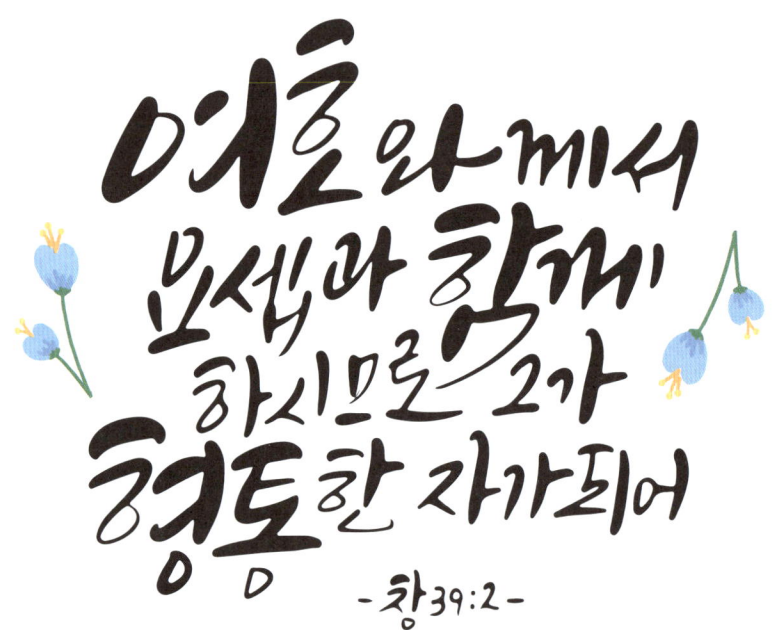

여호와께서 요셉과 함께 하시므로
그가 형통한 자가 되어 (그의 주인 애굽 사람의 집에 있으니)
- 창세기 39:2 -

 어제의 추억

● 어제 날짜와 날씨

년   월   일   요일

● 어제 일어나고 잠든 시간

기상 시간	낮잠 시간	취침 시간
시 분	시간	시 분

● 어제 먹은 음식 밥상을 그리고 음식 이름을 적어주세요

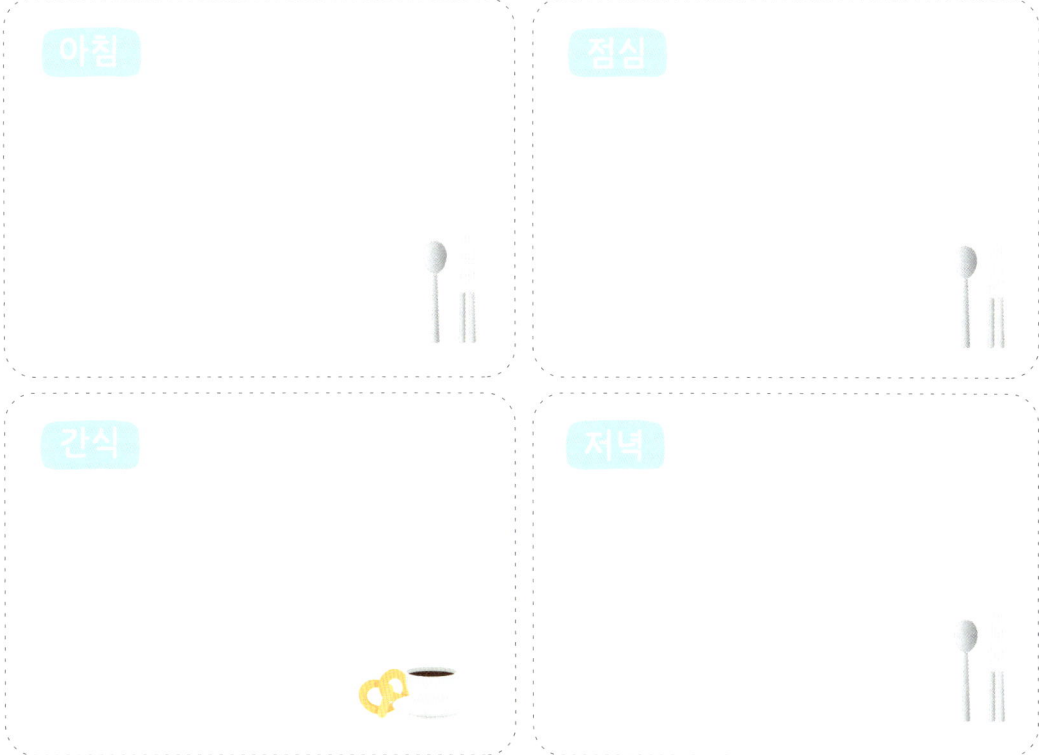

아침

점심

간식

저녁

● 어제 먹은 약 무슨 약인지 적어주세요

아침	점심	저녁

● 어제 한 일 했던 일이나 만난 사람 등 기억나는 일을 적어주세요

● 어제의 감사와 회개 어제 한 일을 되살리면서 적어주세요

● **어제 말씀** 어제 주신 말씀을 암송하며 적어주세요

● **주님께 드리는 마음** 어제 말씀을 묵상하면서 들었던 마음을 적어주세요

21

내가 평안히 눕고
자기도 하리니
나를 안전히
살게 하시는 이는
오직 여호와 이시니이다

- 시4:8 -

내가 평안히 눕고 자기도 하리니
나를 안전히 살게 하시는 이는 오직 여호와이시니이다
- 시편 4:8 -

 어제의 추억

● 어제 날짜와 날씨

년   월   일   요일

● 어제 일어나고 잠든 시간

기상 시간	낮잠 시간	취침 시간
시 분	시간	시 분

● 어제 먹은 음식 밥상을 그리고 음식 이름을 적어주세요

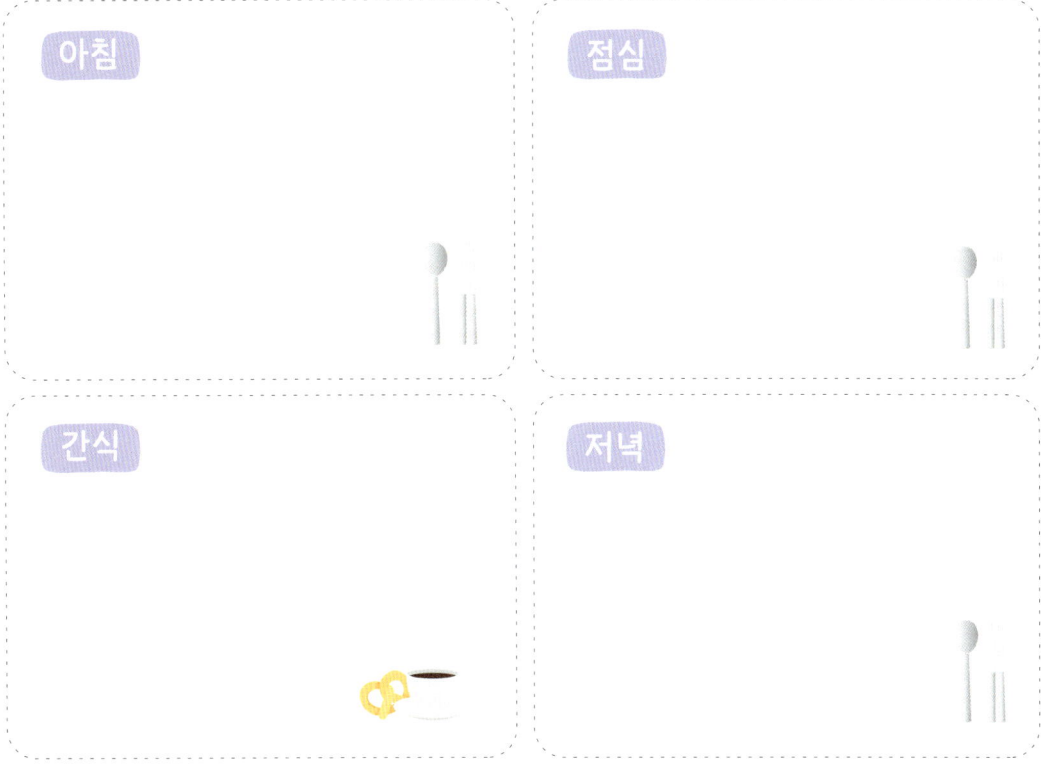

아침

점심

간식

저녁

● **어제 먹은 약** 무슨 약인지 적어주세요

| 아침 | 점심 | 저녁 |

● **어제 한 일** 했던 일이나 만난 사람 등 기억나는 일을 적어주세요

● **어제의 감사와 회개** 어제 한 일을 되살리면서 적어주세요

● **어제 말씀** 어제 주신 말씀을 암송하며 적어주세요

● **주님께 드리는 마음** 어제 말씀을 묵상하면서 들었던 마음을 적어주세요

22

여호와여
마침에 주께서
나의 소리를 들으시리니
아침에
내가주께
기도하고바라
리이다-

-시5:3-

여호와여 아침에 주께서 나의 소리를 들으시리니
아침에 내가 주께 기도하고 바라리이다
- 시편 5:3 -

 어제의 추억

● 어제 날짜와 날씨

년   월   일   요일   ☀️ 🌤️ ☁️ 🌧️ ❄️

● 어제 일어나고 잠든 시간

기상 시간   낮잠 시간   취침 시간

시   분   시간   시   분

● 어제 먹은 음식 밥상을 그리고 음식 이름을 적어주세요

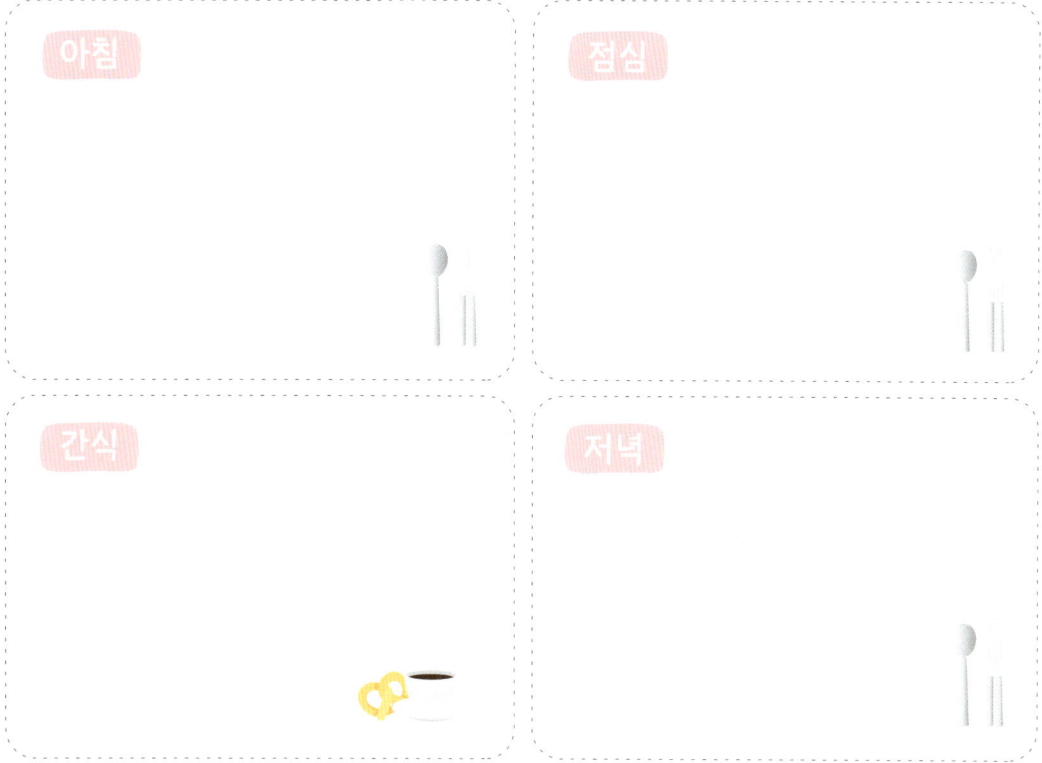

아침   점심

간식   저녁

● **어제 먹은 약** 무슨 약인지 적어주세요

| 아침 | 점심 | 저녁 |

● **어제 한 일** 했던 일이나 만난 사람 등 기억나는 일을 적어주세요

● **어제의 감사와 회개** 어제 한 일을 되살리면서 적어주세요

● **어제 말씀** 어제 주신 말씀을 암송하며 적어주세요

● **주님께 드리는 마음** 어제 말씀을 묵상하면서 들었던 마음을 적어주세요

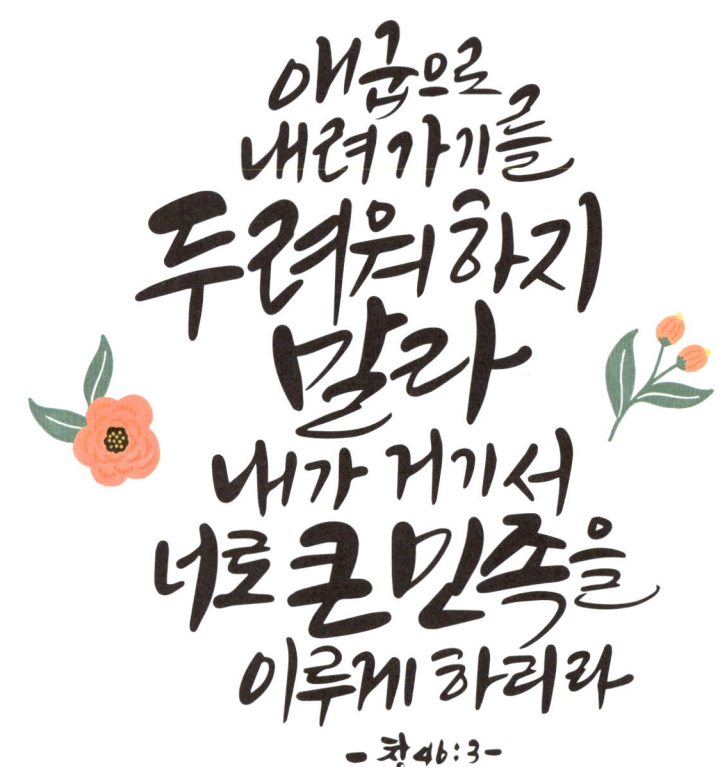

23

애굽으로
내려가기를
두려워하지
말라
내가 거기서
너로 큰 민족을
이루게 하리라
- 창 46:3 -

(하나님이 이르시되 나는 하나님이라 네 아버지의 하나님이니)
애굽으로 내려가기를 두려워하지 말라
내가 거기서 너로 큰 민족을 이루게 하리라
- 창세기 46:3 -

어제의 추억

● 어제 날짜와 날씨

년   월   일   요일

● 어제 일어나고 잠든 시간

기상 시간	낮잠 시간	취침 시간
시 분	시간	시 분

● **어제 먹은 음식** 밥상을 그리고 음식 이름을 적어주세요

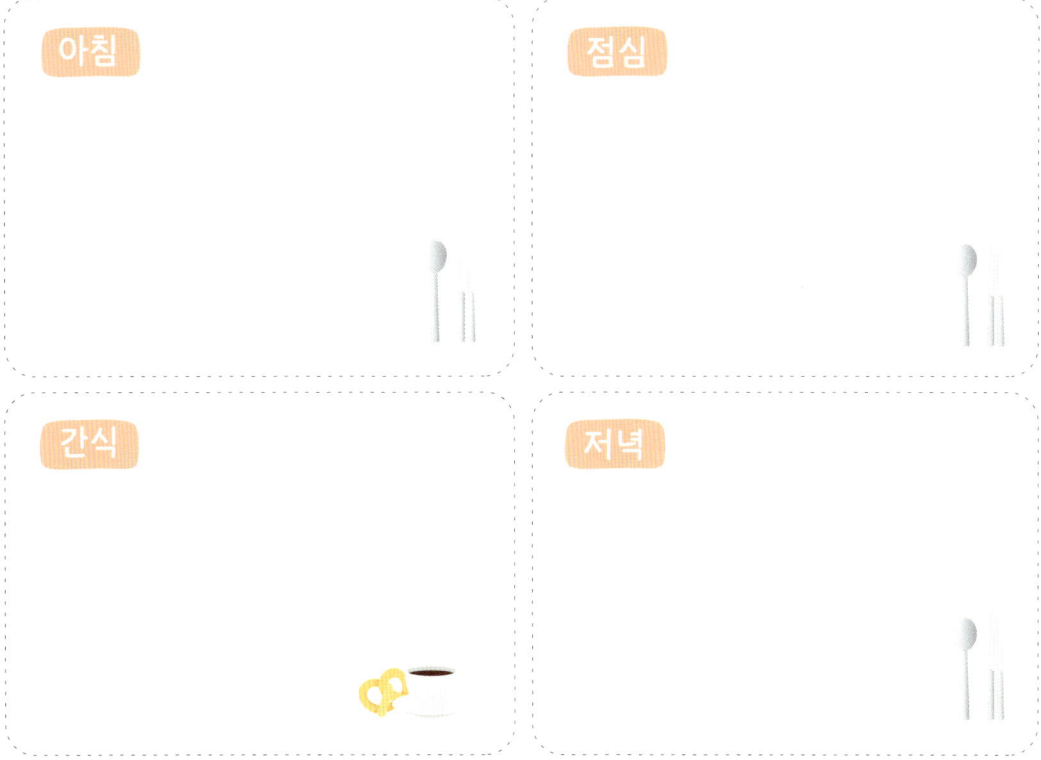

아침

점심

간식

저녁

● **어제 먹은 약** 무슨 약인지 적어주세요

아침	점심	저녁

● **어제 한 일** 했던 일이나 만난 사람 등 기억나는 일을 적어주세요

● **어제의 감사와 회개** 어제 한 일을 되살리면서 적어주세요

● **어제 말씀** 어제 주신 말씀을 암송하며 적어주세요

● **주님께 드리는 마음** 어제 말씀을 묵상하면서 들었던 마음을 적어주세요

말씀을 여러 번 읽고 암송해 봅니다.
오늘 하루 동안 말씀을 묵상하며 생활합니다.

내가 이 땅을
네 후손에게 주어
영원한 소유가
되게 하리라
하셨느니라

- 창 48:4 -

(내게 이르시되 내가 너로 생육하고 번성하게 하여
네게서 많은 백성이 나게 하고)
내가 이 땅을 네 후손에게 주어 영원한 소유가 되게 하리라 하셨느니라
- 창세기 48:4 -

 어제의 추억

● 어제 날짜와 날씨

년 월 일 요일

● 어제 일어나고 잠든 시간

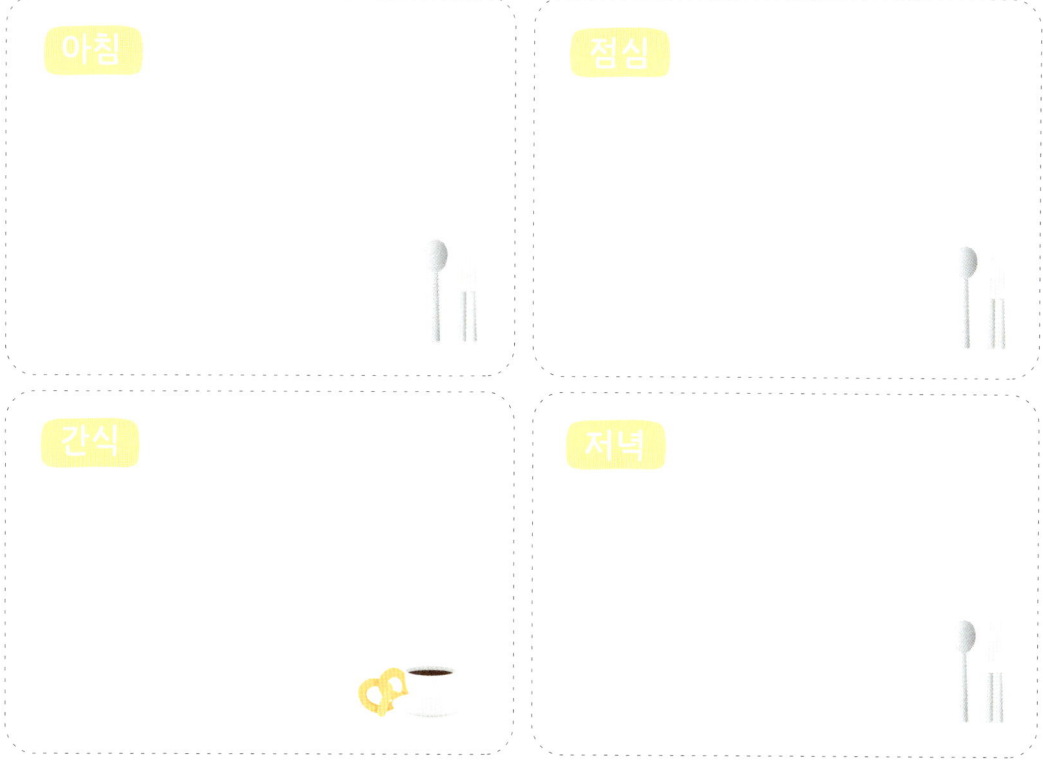

기상 시간 낮잠 시간 취침 시간

시 분 시간 시 분

● 어제 먹은 음식 밥상을 그리고 음식 이름을 적어주세요

아침

점심

간식

저녁

- 어제 먹은 약 무슨 약인지 적어주세요

| 아침 | 점심 | 저녁 |

- 어제 한 일 했던 일이나 만난 사람 등 기억나는 일을 적어주세요

- 어제의 감사와 회개 어제 한 일을 되살리면서 적어주세요

● **어제 말씀** 어제 주신 말씀을 암송하며 적어주세요

● **주님께 드리는 마음** 어제 말씀을 묵상하면서 들었던 마음을 적어주세요

오늘의 말씀

말씀을 여러 번 읽고 암송해 봅니다.
오늘 하루 동안 말씀을 묵상하며 생활합니다.

요셉이
그들에게 이르되
두려워하지
마소서
내가 하나님을
대신하리이까

- 창50:19 -

요셉이 그들에게 이르되 두려워하지 마소서
내가 하나님을 대신하리이까
- 창세기 50:19 -

 # 어제의 추억

● 어제 날짜와 날씨

      년   월   일   요일

● 어제 일어나고 잠든 시간

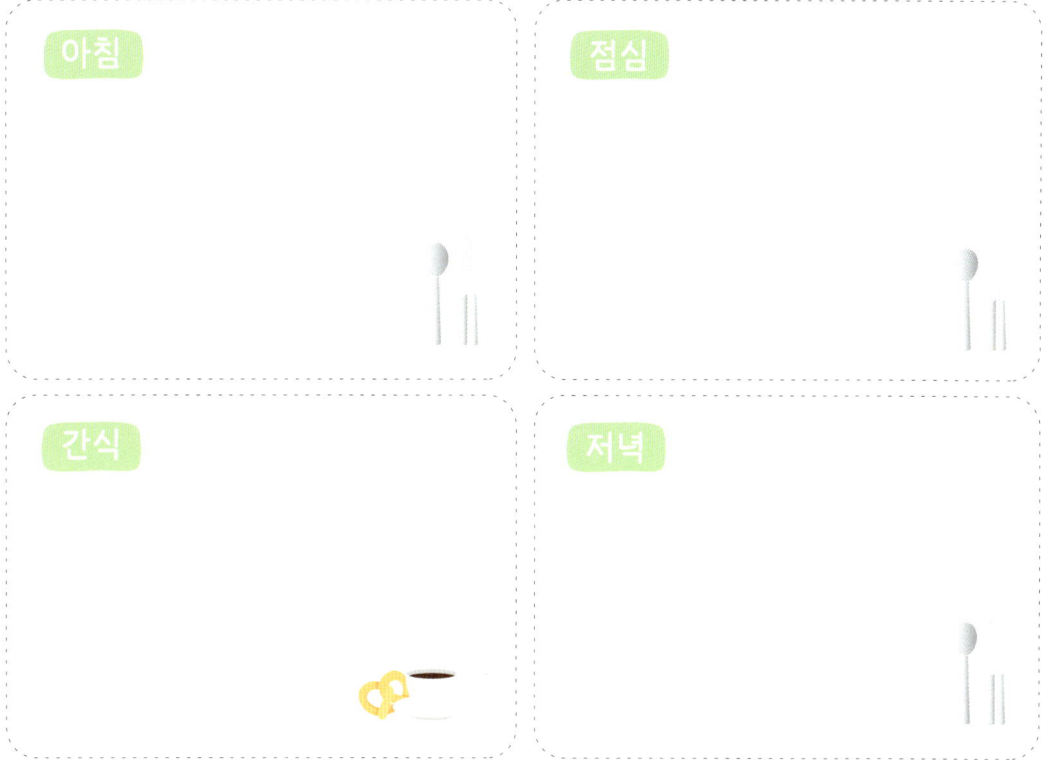

기상 시간	낮잠 시간	취침 시간
시 분	시간	시 분

● 어제 먹은 음식 밥상을 그리고 음식 이름을 적어주세요

아침	점심

간식	저녁

● **어제 먹은 약** 무슨 약인지 적어주세요

| 아침 | 점심 | 저녁 |

● **어제 한 일** 했던 일이나 만난 사람 등 기억나는 일을 적어주세요

● **어제의 감사와 회개** 어제 한 일을 되살리면서 적어주세요

● **어제 말씀** 어제 주신 말씀을 암송하며 적어주세요

● **주님께 드리는 마음** 어제 말씀을 묵상하면서 들었던 마음을 적어주세요

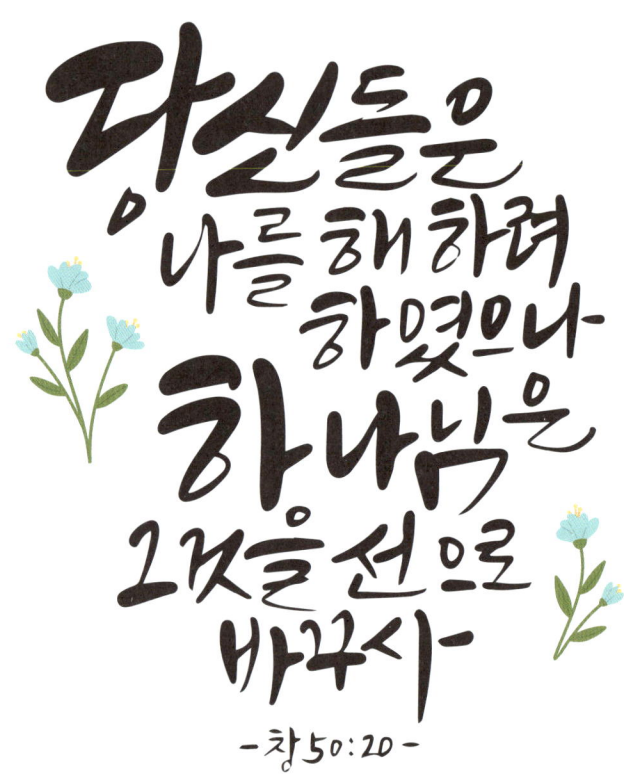

당신들은 나를 해하려 하였으나
하나님은 그것을 선으로 바꾸사
(오늘과 같이 많은 백성의 생명을 구원하게 하시려 하셨나니)
- 창세기 50:20 -

 어제의 추억

● 어제 날짜와 날씨

년   월   일   요일

● 어제 일어나고 잠든 시간

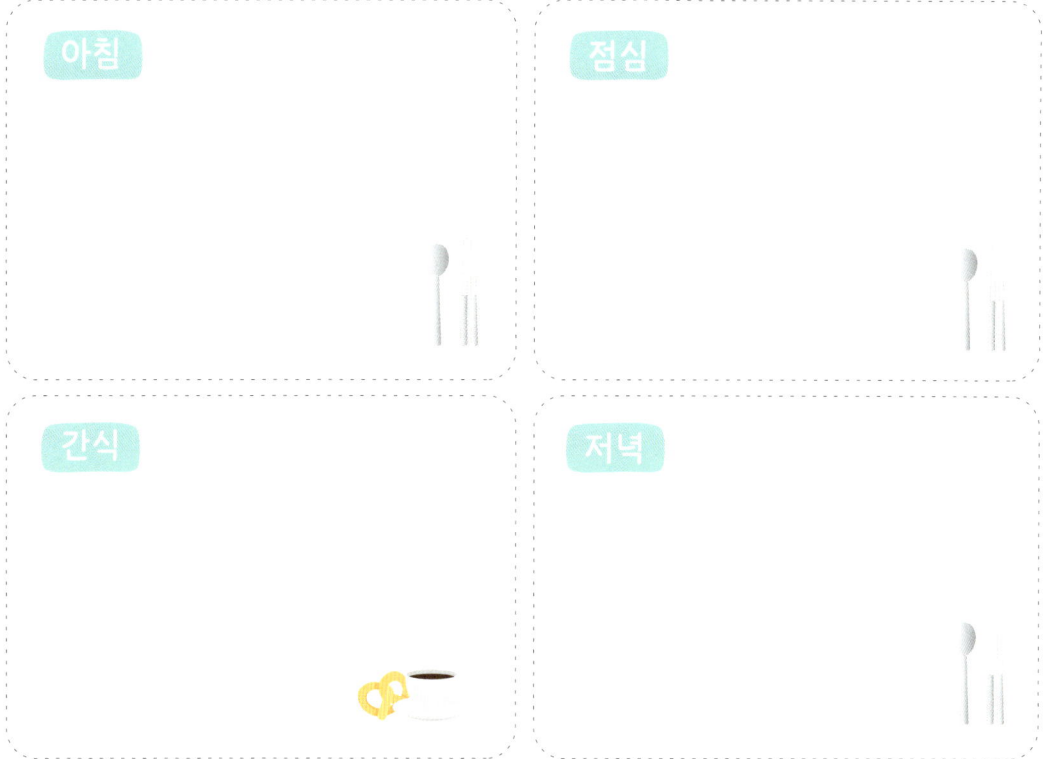

기상 시간	낮잠 시간	취침 시간
시 분	시간	시 분

● 어제 먹은 음식 밥상을 그리고 음식 이름을 적어주세요

아침

점심

간식

저녁

● **어제 먹은 약** 무슨 약인지 적어주세요

아침	점심	저녁

● **어제 한 일** 했던 일이나 만난 사람 등 기억나는 일을 적어주세요

● **어제의 감사와 회개** 어제 한 일을 되살리면서 적어주세요

● **어제 말씀** 어제 주신 말씀을 암송하며 적어주세요

● **주님께 드리는 마음** 어제 말씀을 묵상하면서 들었던 마음을 적어주세요

말씀을 여러 번 읽고 암송해 봅니다.
오늘 하루 동안 말씀을 묵상하며 생활합니다.

오직 나는 주의
풍성한 사랑을 힘입어
주의 집에 들어가
주를 경외 함으로
성전을 향하며 예배
하리 이다-

- 시5:7 -

오직 나는 주의 풍성한 사랑을 힘입어
주의 집에 들어가 주를 경외함으로 성전을 향하여 예배하리이다
- 시편 5:7 -

 어제의 추억

● 어제 날짜와 날씨

년   월   일   요일

● 어제 일어나고 잠든 시간

기상 시간   낮잠 시간   취침 시간

시   분   시간   시   분

● 어제 먹은 음식 밥상을 그리고 음식 이름을 적어주세요

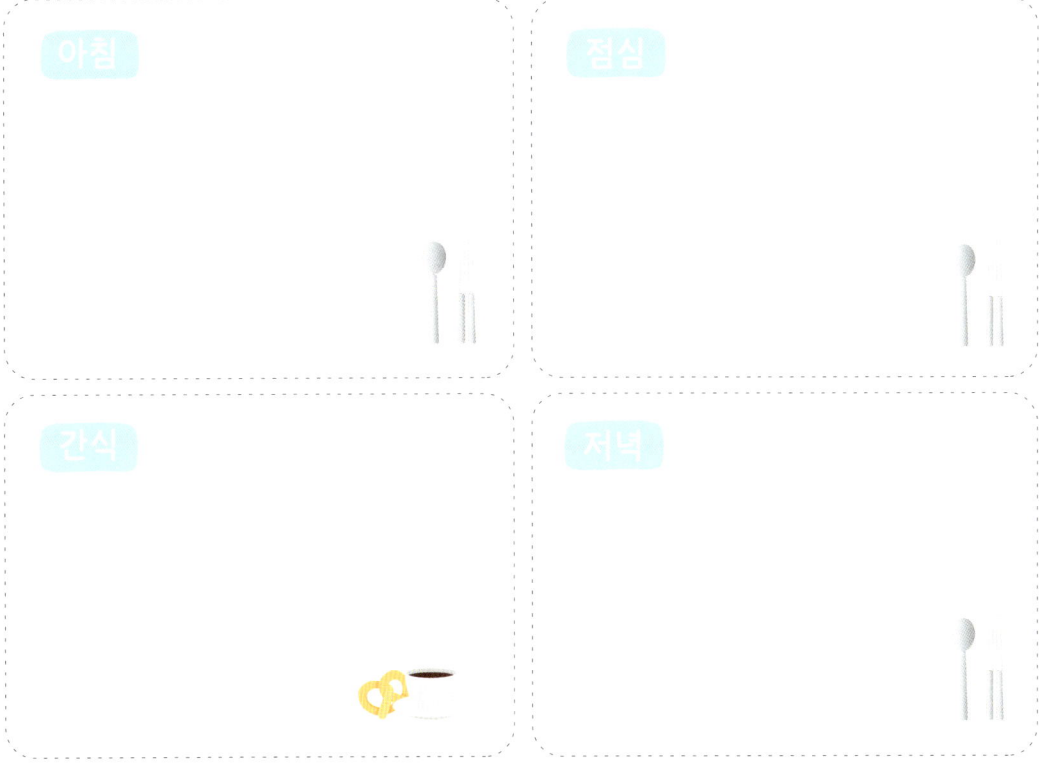

아침

점심

간식

저녁

- **어제 먹은 약** 무슨 약인지 적어주세요

아침	점심	저녁

- **어제 한 일** 했던 일이나 만난 사람 등 기억나는 일을 적어주세요

- **어제의 감사와 회개** 어제 한 일을 되살리면서 적어주세요

● **어제 말씀** 어제 주신 말씀을 암송하며 적어주세요

● **주님께 드리는 마음** 어제 말씀을 묵상하면서 들었던 마음을 적어주세요

(그러나 주께 피하는 모든 사람은 다 기뻐하며
주의 보호로 말미암아 영원히 기뻐 외치고)
주의 이름을 사랑하는 자들은 주를 즐거워하리이다
- 시편 5:11 -

 어제의 추억

● 어제 날짜와 날씨

년   월   일   요일   ☀️ 🌤️ ☁️ 🌧️ ❄️

● 어제 일어나고 잠든 시간

기상 시간	낮잠 시간	취침 시간
시 분	시간	시 분

● **어제 먹은 음식** 밥상을 그리고 음식 이름을 적어주세요

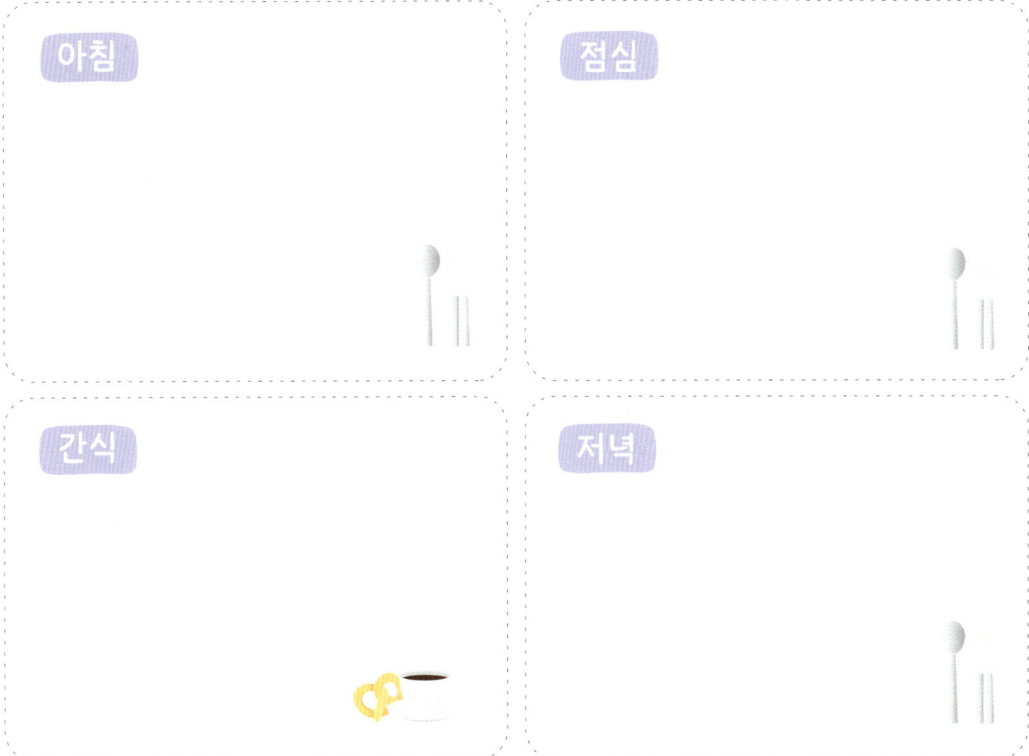

아침

점심

간식

저녁

- **어제 먹은 약** 무슨 약인지 적어주세요

아침	점심	저녁

- **어제 한 일** 했던 일이나 만난 사람 등 기억나는 일을 적어주세요

- **어제의 감사와 회개** 어제 한 일을 되살리면서 적어주세요

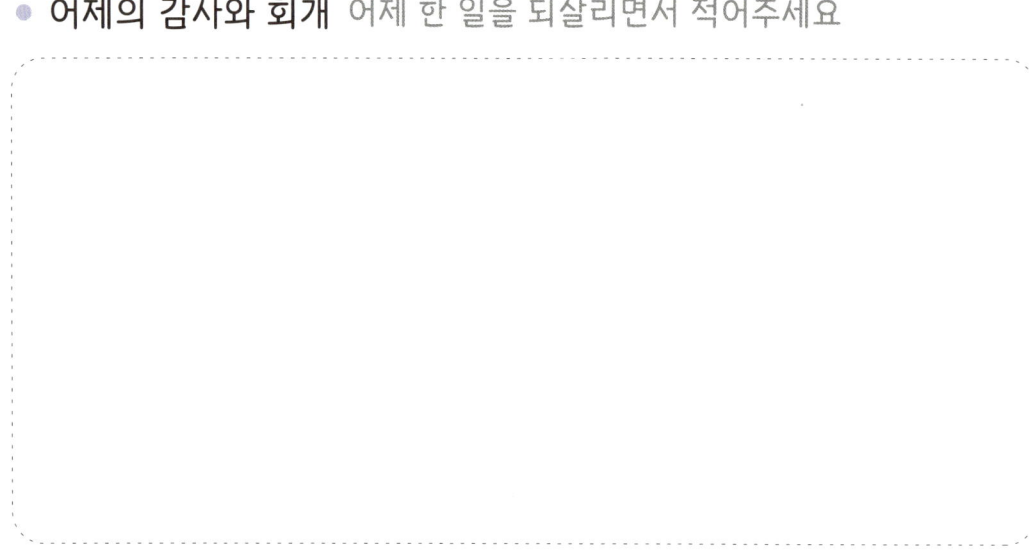

● **어제 말씀** 어제 주신 말씀을 암송하며 적어주세요

● **주님께 드리는 마음** 어제 말씀을 묵상하면서 들었던 마음을 적어주세요

MEMO

MEMO

말씀으로 하루를 채우고, 추억으로 기억을 지켜가는

말씀일기 창세기, 시편

초판 발행 2025년 11월

캘리그라피 양민순(민아트캘리)
디 자 인 조희경
기 획 개 발 박지영

펴낸곳 (주)콜라보위더스
주   소 서울특별시 송파구 충민로 66, F동 8층 8011호
전   화 02-575-3377

I S B N 979-11-995358-1-7 04230

HRD�\# 에이치알디샵
www.hrdsharp-mall.com